MÉMOIRES
ET LETTRES
DE MADAME
DE MAINTENON.

TOME XIII.
Contenant le Tome VIIe. des LETTRES.

LETTRES
DE MADAME
DE MAINTENON.
TOME SEPTIEME,
CONTENANT

Les Lettres de Mad. la Duchesse de Ventadour, de Mad. la Marquise de Dangeau, de Mad. la Princesse des Ursins, des Princes, & de Mr. le Duc & Mad. la Duchesse du Maine.

NOUVELLE ÉDITION.

A MAESTRICHT,

Chez JEAN-EDME DUFOUR & PHILIPPE
ROUX, Imprimeurs-Libraires, associés.

———————————————

M. DCC. LXXVIII.

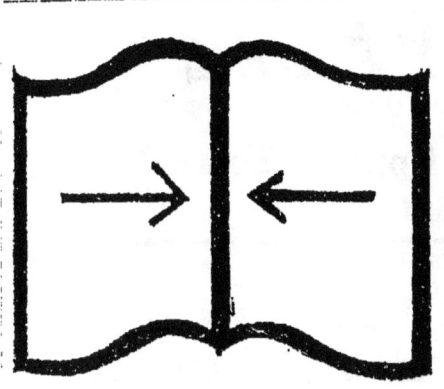

RELIURE SERREE
Absence de marges
intérieures

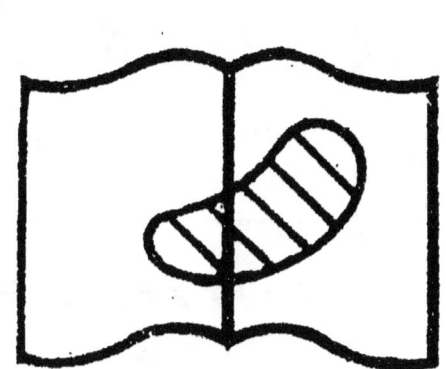

Illisibilité partielle

VALABLE POUR TOUT OU PARTIE
DU DOCUMENT REPRODUIT

TABLE
DES LETTRES
Contenues dans ce septieme Tome.

LETTRES de Me de MAINTENON & Me. la Duc. de VENTADOUR.

LETTRE I—V. De Madame de Maintenon à Mad. de Ventadour. page 1
VI, VII, VIII. De Mad. de Ventadour. 9
IX. De Mad. de Maintenon. 14
X. De Mad. de Ventadour. 15
XI. XII. De Mad. de Maintenon. 17
XIII, XIV, XV. De Mad. de Ventadour. 19
XVI. De Mad de Maintenon. 24
XVII, XVIII. De Mad. de Ventadour. 27
XIX. De Mad. de Maintenon. 30
XX. De Mad. de Ventadour. 31
XXI. De Mad de Maintenon. 33
XXII, XXIII. De Mad. de Ventadour. 34
XXIV. De Mad. de Maintenon. 37

a iij

TABLE

LETTRE XXV. De Mad. de Ventadour.
page 38
XXVI. De Mad. de Maintenon. 41
XXVII. De Mad. de Ventadour. 43
XXVIII. De Mad. de Maintenon. 44
XXIX—XXXV. De Mad. de Ventadour. 45
XXXVI. De Mad. de Maintenon. 58
XXXVII. De Mad. de Ventadour. 59
XXXVIII. De Mad. de Maintenon. 61

LETTRES de Me. de MAINTENON & de Me. la Marq. de DANGEAU.

LETTRE I. De Mad. de Maintenon à Mad. de Dangeau. 64
II. De Mad. de Dangeau à Mad. de Maintenon. 66
III. De Mad. de Maintenon. 67
IV. De Mesd. de Caylus & de Dangeau. 68
V—X. de Mad. de Maintenon. 69
XI. De Mad. de Dangeau. 78
De Mr. de Courcillon. 80
XII—XV. De Mad. de Maintenon. 81
XVI. De Mad. de Dangeau. 88
XVII. De Mad. de Maintenon. 89
XVIII. De Mad. de Dangeau. 90
XIX. De Mad. de Maintenon. 92

DES LETTRES.

LETTRE XX, XXI. De Mad. de Dangeau.
page 94
De M. de Dangeau. 97
XXII. De Mad. de Maintenon. 198
XXIII. de Mad. de Dangeau. 100
XXIV De Mad. de Maintenon. 102
XXV. De Mad. de Dangeau. 106
XXVI. De Mad. de Maintenon. 109
XXVII. De Mad. de Dangeau. 111
XXVIII. De Mad. de Maintenon. 113
XXIX. De Mad. de Dangeau. 115
De M. de Dangeau. 117
XXX De Mad. de Dangeau. 118
XXXI. XXXII. De Mad. de Maintenon. 120
XXXIII. De Mad. de Dangeau. 125
XXXIV—XL. De Mad. de Maintenon. 127

LETTRES de Mad. de MAINTENON
& de Mad. la Princesse DES URSINS.

LETTRE I. De Mad. des Ursins à Mad. de Maintenon. page 141
II. De Mad. de Maintenon à Mad. des Ursins. 146
III. De Mad. des Ursins. 151
IV. De Mad. de Maintenon. 160
V. De Mad. des Ursins. 163

TABLE

LETTRE VI, VII. De Mad. de Maintenon. page 165
VIII, IX, X. De Mad. des Ursins. 170
XI. De Mad. de Maintenon. 179
XII—XV De Mad. des Ursins. 182
XVI. De Mad. de Maintenon. 194
XVII. De Mad. des Ursins. 197

LETTRES des Princes à Mad. de MAINTENON.

LETTRE I II. Du Roi d'Espagne à Mad. de Maintenon. 196
III. De Mad. de Maintenon au Roi d'Espagne. 199
IV. Du Roi d'Espagne à Mr. de Vendôme. 102
V. Du même à Mad. de Maintenon. 320
VI—XII. De la Reine d'Espagne. 204
XIII. Du Roi d'Espagne. 217
XIV, XV. De la Reine d'Espagne. 219
XVI. Du Roi d'Espagne. 225
XVII. De la Reine d'Espagne. 216
XVIII. De Mad. de Maintenon à la Reine d'Espagne. 218
XIX—XXII. De la Reine d'Espagne. 229
XXIII—XXIX. De Monseigneur. 238

DES LETTRES.

LETTRE XXX, XXXI, XXXII. De
Mr. le Duc de Bourgogne. page 246
XXXIII. Du même au Roi. 252
XXXIV. De Mad. la Dauphine. 253
XXXV–XLIII. De Mad. la Duchesse de
Bourgogne. 254
XLIV, XLV. De Madame. 264
XLVI. De M. le Duc d'Orléans. 267
XLVII. De Mad. la Duchesse d'Orléans. 269
XLVIII. De Mad. la Princesse de Conti. 270
XLIX–LIV. De Mad. la Princesse. 272
LV. De Mad. la Duchesse d'Orléans. 281

LETTRES de M. le Duc & de Mad. la
Duchesse du MAINE à Mad. de
MAINTENON.

LETTRE I–XXII. De Mr. le Duc du
Maine. 282
XXIII, XXIV. De Mad. la Duchesse
du Maine. 318
De Mr. le Duc du Maine. 320
XXV. Du même. ibid.
XXVI, XXVII. De Mad. la Duchesse
du Maine. 321

x   TABLE, &c.

LETTRE XXVIII-XXXIV. De M. le Duc du Maine.   page 324
XXXV. De Mad. la Duc. du Maine. 334
XXXVI-XXXVIII. De M. le Duc du Maine.   336
XXXIX. De Mad. la Duchesse du Maine.
                                     340
XL, XLI. De Mr. le Duc du Maine 343
XLII. De Mad. la Duchesse du Maine.
                                     344
XLIII. De Mad. la Duchesse du Maine
    à Mr. le Duc de Vendôme.   345

────────── Fin de la Table. ──────────

LETTRES

LETTRES
DE MADAME
DE MAINTENON
ET DE MAD. LA DUCHESSE
DE VENTADOUR.

LETTRE I.

De Mad. de Maintenon à Me. la Duchesse de Ventadour (1).

Ce 18 Mars 1700.

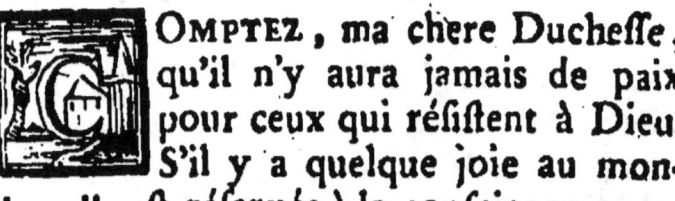

COMPTEZ, ma chere Duchesse, qu'il n'y aura jamais de paix pour ceux qui résistent à Dieu. S'il y a quelque joie au monde, elle est réservée à la conscience pure :

_____
(1) Charlotte-Eléonore-Magdelaine de la Mo-

la mauvaife confcience trouve un Enfer dans le lieu des plaifirs. Que la paix, qui vient de Dieu, eft différente des fauffes joies du fiecle! Elle calme les paffions: elle nourit la pureté des mœurs: elle eft inféparable de la juftice: elle unit au plus grand & au plus aimable des êtres: elle fortifie contre les tentations.

Mais comment acquérir cette paix? par une bonne confeffion générale, fuivie de l'ufage fréquent des Sacrements, & d'une véritable averfion pour le mal. Dans cet

---

the-Houdancourt, fille de Philippe de la Mothe-Houdancourt, Duc de Cardonne, Maréchal de France, & de Louife de Prie, Gouvernante des Enfants de France, mariée en 1671.à Louis-Charles de Levis, Duc de Ventadour, Pair de France, mort le 28 Septembre 1717. Elle eut le 8 Janvier 1687, une penfion de 8000 liv., & le 10 Décembre une augmentation de 4000. En 1696, elle fut propofée pour Dame d'honneur de Mad. la Ducheffe de Bourgogne. Mad. de Maintenon lui donna l'exclufion à regret. Me. de Ventadour s'attacha férieufement à elle, & fe rendit propre, en fuivant fes confeils, à la charge de Gouvernante des Enfants de France, qu'elle eut en furvivance de fa mere, le 1er. de Juin 1704. Anne-Genevieve de Levis, fa fille, née en Février 1673, fut mariée en feconde noces à Hercule-Mériadec de Rohan, Duc de Rohan-Rohan, Pair de France, & mourut le 20 Mars 1727.

état de piété, on a souvent des troubles: mais Dieu ne nous fait sentir notre foiblesse, que pour nous redonner de nouvelles forces, que nous tirons de la connoissance de cette foiblesse même. L'essentiel est de ne jamais agir contre la lumiere intérieure, & de suivre Dieu partout où il veut nous conduire.

Ce qui vous rebute, ma chere Duchesse, c'est que vous ne voyez que ce que la Religion vous demande, sans voir ce qu'elle vous donne. Vous frémissez en considérant ce qu'elle fait faire : que vous seriez ravie, si vous saviez ce qu'elle fait aimer ! N'attachez point les yeux sur les croix qu'elle vous présente : vous ignorez encore combien elles les rend légeres. Point de joug plus doux que celui du Seigneur : ceux qui sont à lui sont toujours contents : & s'il est pour eux quelques moments d'inquiétude ou d'ennui, c'est dans les instants où ils n'en sont pas occupés.

Laissez faire Dieu en vous : livrez-vous à la grace, mais sans mesure & sans condition. Malheur à ces ames lâches & timides, qui osent composer avec Dieu, & qui se partagent entre le monde & lui ! Pourquoi la piété vous effrayeroit-elle ? la Religion n'a rien de dur : elle ne vous demande rien, ſans vous donner en même-temps la force pour l'exécuter.

Il n'eſt point néceſſaire de quitter le monde, mais il faut que le cœur y renonce : paroles ameres, ſi vous ne vous rappelliez le vœu de votre baptême : vous n'êtes Chrétienne qu'à ces conditions, & l'on ne fait que vous ramener à vôtre premier engagement.

Voilà, Madame, ces conſeils que vous trouvez ſi bons : recevez-les comme une preuve bien ſûre de l'intérêt que je prends à vous ; & pour m'en récompenſer, gardez-m'en le ſecret, & brûlez ma lettre. Je connois le ridicule qu'on y trouveroit ; mais je vous aſſure que je haſarderois pour vous quelque choſe de plus que la raillerie du public.

LETTRE II.

Ce 27 Juin 1701.

JE vous conjure, ma chere Ducheſſe, de ne pas ſouffrir que Madame s'inquiete de la maniere dont elle m'aura reçue : la plus grande marque de bonté qu'elle puiſſe me donner, eſt la liberté ; & je me croirois bien avec elle, ſi elle me renvoyoit quelquefois, ou qu'elle ne me dît qu'un mot. Je suis entiérement de votre avis sur les filles : il y a cent raisons pour les ôter, & pas une pour les retenir : il n'y en a plus que chez vous : le Roi ne peut pas avec bienséance en parler le premier ; mais je ne doute pas qu'il n'opine à couper l'hydre, si on lui en dit quelque chose. Mr. de la Carte me fait grand'pitié, & sur-tout depuis que vous m'assurez qu'il a eu de bonnes intentions : il me semble que Monsieur d'Orléans en use très-généreusement pour les Officiers de Monsieur. J'ai été bien fâchée de la mort du Confesseur de Madame, & je prie Dieu de tout mon cœur de lui en donner un qui lui fasse bien connoître sa Religion & ses devoirs. Vous êtes admirable, Madame, de n'être mêlée en rien au milieu d'une Cour si sujette aux orages : j'espere qu'à l'avenir elle sera plus calme, & que vous ne nous quitterez plus. Je vous donne le bon jour, & bien matin ; car je n'ai pour moi que les moments où l'on croit que je dors.

LETTRE III.

JE suis très-fâchée de l'état de Me. la Maréchale, & par l'attachement que j'aurai toute ma vie pour elle, & par la connoissance que j'ai de vos sentiments pour une mere que vous desirez de conserver : personne n'y peut plus contribuer que vous, Madame ; & je prie bien Me. de la Lande de lui rendre tous les services & toutes les complaisances que je lui rendrois si j'étois à portée : j'ai une grande impatience de voir notre Prince ; je vois bien que vous voulez nous surprendre par sa beauté ; mais je ne sais si vous y réussirez. On sera toujours content quand il se portera bien : Mr. Fagon n'est point en peine de ces cris aigus : nous les croyons un effet de son opiniâtreté : Me. sa mere est plus aimable & plus jolie que jamais.

Quel plaisir prenez-vous à mettre des erreurs dans l'esprit de ce bon pere, & à lui aller dire que je ne tiens plus à la terre ? je le prie de demander cette grace pour moi : j'ai grande confiance en ses prieres : & malgré certains pénitents que je lui vois, je ne crois point sa morale relâchée : dites-lui encore, Madame, que je pense tout comme lui sur la Comtesse de Caylus, & que je n'ai aucun chagrin contre elle : j'en puis avoir pour elle, & je donnerois de mon sang pour qu'elle eût moins de foiblesse. Il me semble que vous êtes curieuse en mignatures : j'en ai de vous de très-jolies : voilà un dessin, que je serois charmée de voir exécuté par vous : cette femme, embrassant la croix, peut avoir les mains jointes & les yeux baissés dans une profonde méditation. Adieu, Madame : qui vous a connue vous aime toujours : si vous voyiez les lettres du Duc du Maine, vous le croiriez l'ami du vôtre.

LETTRE IV.

Ce 1 Avril 1704.

JE vous conjure, ma chere Duchesse, une fois pour toutes, de ne me jamais parler dans vos lettres de ce que vous croyez me devoir : il faut quelquefois les montrer : & il ne convient, ni à vous, ni à moi, qu'elles soient remplies de reconnoissance.

Vous êtes bien loin de vos supérieurs,

de vos sœurs, de vos regles, & des pratiques du Couvent, ma chere fille, & ce sera un grand bonheur si vous ne jettez pas le froc : cependant j'espere tout de votre bon naturel, & du soin que nous prendrons de vous. Vos sœurs de ce pays-ci sont fort éclopées, & ne se soutiennent que par leur courage : il va jusqu'à couper au Lansquenet : je ne suis pas sans inquiétude en gouvernant des filles qui m'échappent si souvent. Le compte que vous me rendez est sincere, mais il n'en est que plus effrayant : voilà donc le Palais-Royal dans votre chambre, & Me. de Montespan par-dessus tout le reste ! le bon Pere en est-il content ? ce seroit toute la consolation que je pourrois avoir. Adieu, Madame la Duchesse ; il vaut mieux prendre cette idée, que de vous regarder comme une Religieuse qui court le monde : mais quoique vous fassiez, je sens bien que vous serez toujours l'enfant gâté.

LETTRE V.

Quand je ne vous honorerois pas autant que je fais, Madame, j'entends assez bien les intérêts de la France pour être allarmée du moindre mal que vous avez : j'aurois eu l'honneur de vous voir, si je n'avois craint de vous incommoder, & de vous ôter une bonne compagnie, pour vous en donner une mauvaise. Je prends une grande part à la joie que vous avez du mariage que vous allez faire : il seroit difficile d'en trouver un qui unît un plus grand nombre de gens de mérite : ceux qui en ont doivent voir avec plaisir de telles alliances : je vous conjure, ma chere Duchesse, d'en faire mes complimens à tous ceux qui y sont intéressés. Agissez sans affectation : il y en auroit à aller toujours avec Me. la Maréchale : il y en auroit à n'y aller jamais : vous m'envoyâtes l'autre jour une visite aussi aimable que glorieuse. Dieu vous conserve tous ! je n'ai que le temps de vous donner cette bénédiction : car voici un Ministre.

LETTRE VI.
De Mad. de Ventadour.

Ce 15 Mai 1711.

S'Il ne s'agissoit pas d'un établissement considérable pour Mlle. de Rohan, ma petite-fille, je ne prendrois pas la liberté, Madame, de vous importuner des affaires de Mr. de Matignon, qui a fini avec Mr. de Chevreuse, & qui doit présenter un placet au Roi, pour lui demander la grace de prendre la qualité de Duc d'Estouteville, comme seul héritier & propriétaire de cette terre érigée en Duché en faveur de sa bisaïeule, & lui donner par-là, à lui & à nous, la satisfaction de conclure, avec l'agrément de Sa Majesté, le mariage de ma petite-fille, que Mr. de Rohan n'est point en état d'établir, ne cherchant qu'à dépenser son bien, & à faire de son mieux pour servir Sa Majesté, avec tout le zele & l'application possible. Mr. de Matignon a déja eu l'honneur de parler au Roi, qui lui avoit permis de poursuivre son affaire ; mais j'ai grand'peur que Sa Majesté ne soit si importunée déja sur ces sortes de matieres, qu'elle n'en veuille plus entendre parler. Cependant que ne doit-on pas attendre de sa justice ? je dois même assez aux bons procédés de Mr. de Matignon, qui ma priée, Madame, de vous demander votre protection, pour être enhardie, par les bontés que je me flatte que vous avez pour moi, de vous en parler : j'aurois à me reprocher de manquer de reconnoissance pour lui, & de tendresse pour mes enfants, si je ne le faisois, quoique j'en craigne l'événement, ne me croyant heureuse, Madame, que, &c.

LETTRE VII.

Ce 4 Septembre 1711.

NOtre Prince fantasque a répondu à merveille à M. l'Evêque de Castres qui l'a harangué aujourd'hui : & tous nos Députés de Languedoc, qui l'ont vu à cheval dans la galerie, sont partis, charmés de lui : il est merveilleux pour les grandes cérémonies : il se met quelquefois peu en peine des médiocres. Que vous avez de bonté, Madame, de m'envoyer en Espagne mener la Princesse, dont Madame la Dauphine accouchera, quand elle le jugera à propos ! Cela me fait souvenir de la sous-Gouvernante de la Reine Marie Louise, fille de Monsieur : cette sous-Gouvernante se trouva mal dans le voyage : on la mit dans une Eglise bien proprement, & là on la laissa expirer, sans autre Médecin que Dieu, sans secours d'aucune espece, de peur, à ce qu'on dit, qu'elle n'embarrassât dans le chemin. Cette partie de plaisir-là, Madame, ne laisse-t-elle pas une idée bien agréable du tumulte d'une Cour, & de la façon dont on pense pour des personnes qui y sont inutiles ? Après cela, je crois que nous n'avons guere de projets à faire que ceux de tâcher de faire la volonté de Dieu : par-tout nous ne savons guere ce qu'il nous faut : je sens bien, Madame, que je ne saurois me passer de vos bontés pour moi : si vous me les ôtiez, je ne sais pas bien si j'aurois cette soumission si nécessaire, puisque c'est tout le plaisir de ma vie.

LETTRE VIII.

1711.

C'Est nous donner la vie, que de voir un mot de votre main, Madame : votre santé est donc bonne : & vous ne m'oubliez donc pas tout-à-fait ! je ne veux rien davantage, sûre que si vous songez à moi, vous ne pouvez vous empêcher de vous dire : Voilà une personne qui m'est entiérement dévouée, sur laquelle je puis compter absolument, & qui ne sera jamais ingrate des bontés que j'ai eues & que j'aurai pour elle : cela ne doit-il pas tenir lieu de quelque chose ? Pour moi, Madame, c'est le cœur seul que je regarde dans mes amis : & j'ai l'avantage d'en avoir eu, & d'en avoir encore de solides, & en assez grand nombre : c'est le seul bonheur que j'aye eu dans ma vie : quand on est vraie & franche, on est en sûreté dans le commerce du monde, & cela est assez rare, à cette Cour-ci. Me. de St. Géran fait bien de vous mander des nouvelles des gentillesses de nos Princes ; car on ne manqueroit pas, si c'étoit moi, de dire que je les aime trop pour leur trouver des défauts : je m'arrête donc à leur santé : elle est très-bonne : jamais M. le Duc d'Anjou n'a été mieux, dormant la nuit à merveille, & mangeant bien le jour. Nous voyons tous les cinq jours des visages nouveaux par les compagnies qu'on releve : il faut pourtant que notre chere Comtesse s'accommode de dîner avec eux ; les représentations nobles ont quelquefois de grandes importunités : mais on suit en cela ce qui se faisoit autrefois, dont les jeunes Dames ne pourroient s'accommoder. Je suis ravie que Me. de Barneval soit au Château : car on la voit plus souvent. Je respire votre retour avec bien de l'impatience, quoique je n'aye guere l'honneur de vous voir : on peut du moins être à tous moments informé de votre santé, vous voir paſſer, & ſe flatter de quelques-uns de ces ſourires qui m'enchantent. J'ai vu Mlle. d'Aumale : la vieilleſſe eſt ſujette aux larmes : mais il me ſemble qu'on ne peut parler de vous, Madame, ſans être attendrie ; rien dans le monde ne vous reſſemble : & quand il s'agit de vous, les plus ſots parleroient comme des Anges, & les plus inſenſibles, comme la Ducheſſe de V.

LETTRE IX.

De Mad. de Maintenon.

Ce 20 Avril 1712.

SI je vous ai ſouvent plainte de la vie ennuyeuſe que vous menez depuis huit ans, jugez, Madame, ſi je partage vos peines aujourd'hui, que vous êtes dans l'accablement de la douleur : je crains que vous ne cherchiez pas aſſez l'amuſement, qui eſt certainement le meilleur remede à l'affliction : pourquoi ne venez-vous pas nous voir à Marly ? Votre Prince a de très-bonnes ſous-Gouvernantes, & un fort bon Médecin : que craignez-vous, quand vous ferez quelques heures fans le voir ? ne vous attachez pas trop à lui. Je vous rends mille graces, ma chere Duchesse, des bons traitements que vous avez faits à Me. d'Haussy : je n'en attendois pas moins de votre bonté pour moi. On vous dit souvent des nouvelles de la santé du Roi, & on ne vous flatte point quand on la croit très-parfaite : il fait tout ce qu'il peut pour s'amuser ; mais il faut du temps pour se confoler de ce qui lui manque.

LETTRE X.

De Mad. de Ventadour.

1712.

LE moyen, Madame, de ne vous pas importuner de fa joie, dans le temps que je goûte dans toute fon étendue celle que vous avez ! Quand je fonge que le Roi aura le plaifir de donner la paix à fes ennemis, & que fes troupes auront fini fi glorieufement, j'avoue que je fens la gloire de la nation vivement : & la douleur du Prince Eugene me fait un grand plaifir : mon Dieu, pourquoi n'a-t-il pas été pris ? en vérité, voilà une action bien heureuse ! je vous en fais mes compliments de bon cœur, Madame, & j'espere bien que Dieu récompensera la constance héroïque du Roi en toute occasion : cela le met encore au-dessus de ce qu'il étoit : c'est tout dire : il vaincra tout avec cela : nous sommes dans des transports de joie infinis. Me. de St. Geran, comme vous croyez bien, Madame, est hors d'elle, après avoir passé deux mauvaises heures par des bruits de ville sans rien savoir : enfin, les relations nous sont venues, & notre galerie étoit pleine de Gardes du Corps, de Suisses, de François : c'étoit un charme de voir la joie de tous les gens de guerre ; mais je m'apperçois que la mienne m'emporte, & que je ne songe pas que vous avez bien d'autres choses à faire qu'à lire une mauvaise lettre. Adieu, Madame, le plaisir de vous entretenir & de vous voir me tient lieu de tout. Si vous étiez moins grande, on vous supplieroit d'aimer un peu la Duchesse de V.

LETTRE XI.

De Madame de Maintenon.

Ce 5 Juillet 1712.

VOus auriez grand tort, mon aimable Duchesse, de n'être pas bonne Françoise : car on vous aime fort en France ; &, en vérité, aucune des femmes que je vois ne me fait oublier que je ne vous vois pas ; point de plaisir où je ne vous aye regrettée : il y manquoit quelque chose, & ce quelque chose, c'étoit vous. A Marly, même absence de votre part, même ennui de la mienne : j'ai fait vos compliments au Roi, qui les a reçus avec tout l'agrément possible. Que vous êtes heureuse de ne vous pas repaître du goût du monde, & de vous remplir de celui qui convient à tous les temps ! Votre cœur est trop bon pour n'être pas donné à celui qui l'a fait : conservez-moi la part que vous avez bien voulu que j'y eusse, puisqu'il n'y aura rien en cela, dont notre bon Pere ne s'accommode.

LETTRE XII.

Ce 30 Juillet 1712.

LE Roi m'a montré la très-belle lettre que vous lui avez écrite ; il m'a chargée de vous en remercier : vous y avez parfaitement exprimé un zele dont il ne doute pas ; il vous en eſt bien obligé, ce ſont ſes propres paroles.

Il faut s'attendre que Mgr. le Dauphin nous donnera ſouvent des allarmes : perſonne n'en ſouffrira plus que vous ; & ſi l'on proportionnoit les récompenſes aux peines, il n'y en auroit point pour une Gouvernante des Enfants de France ; mais on compte l'honneur, qui à la vérité eſt très-grand, mais qui eſt quelque choſe de bien vuide, tandis que les fatigues ſont bien réelles. J'ai bien cru, Madame, que vous aimeriez ce Prince, & vous ſerez aſſez malheureuſe pour vous attacher à celui-ci ſans vous conſoler de l'autre. Ne vous allarmez point ſur ſon teint ; feu M. le Duc de Bretagne n'étoit pas fort blanc, & notre chere Dauphine étoit brune quand elle arriva ici : elle n'étoit devenue blanche que dans ſes couches : c'est beaucoup que l'enfant soit gai, & c'est la plus sûre marque de santé. Ne prétendez nous le rendre ni beau, ni spirituel : rendez-nous-le saint : c'est tout ce qu'on veut.

LETTRE XIII.

De Me. de Ventadour.

Ce 12 Avril 1713.

J'Attendois la prise de Douay pour avoir l'honneur de vous écrire, Madame ; mais la déclaration que le Roi a faite ce matin, ne vaut-elle pas bien la prise de cette ville, puisque l'on nous mande qu'il y a ordre de laisser continuer le siege, sans y mettre aucun obstacle ? Je ne vois rien de si heureux que la fin de cette guerre : je vous avoue, Madame, que j'en suis toute hors de moi ; recevez-en donc mes compliments : je vous demande encore plus, j'ose espérer que vous nommerez mon nom au Roi, en l'assurant de la parfaite santé de notre Dauphin, qui nous envoye tous en prison fort gaiement. Comme le Maréchal de Villeroi m'écrit réguliérement tous les jours, pour m'informer de la bonne santé du Roi, & de la vôtre, Madame, je lui écris aussi des nouvelles de notre Prince : je crois qu'il en rend compte, pour qu'on en sache tous les jours sans importunité. Je ne puis me dispenser de vous envoyer une lettre de Madame, que je viens de recevoir : elle m'avoit déja fait l'honneur de m'écrire qu'elle avoit grande envie qu'on fût content d'elle ; mais dans l'inquiétude si cela étoit, comme la lettre dont vous m'avez honorée le marquoit fort, j'ai cru que vous ne trouveriez pas mauvais que je lui fisse le plaisir de le lui mander ; & de vrai, je pense pouvoir répondre de ses sentiments tels qu'on les peut désirer, de respect & d'attachement : je ne dirai pas de même des manieres ; mais quand l'essentiel est bon, il faut passer quelque chose, & vous, sur-tout, Madame, qui allez toujours au bien, & qui ne voulez que lui. Vous prouvez merveilleusement que ce sont toujours les plus parfaites qui sont les plus indulgentes.

LETTRE XIV.

Ce 3 Septembre 1714.

MR. le Maréchal de Villeroi est trop de mes amis, Madame, pour que je ne vous fasse pas mes compliments sur toutes les graces que le Roi lui fait: j'ai peur qu'il n'en meure de joie & de reconnoissance: il y a long-temps que celle qu'il a pour vous est bien vive dans son cœur; si je disois tout ce qu'il pense sur vous, Madame, le zele m'emporteroit, & il faut donc me taire pour vous seul. Mon petit Maître est à merveille, il est même engraissé depuis son accès de fievre; mais il n'en fait pas moins de peur pour être aussi précieux qu'il est. Dieu nous le conservera pour qu'il soit en état de profiter des exemples du Roi: je n'ai que faire de vous assurer, Madame, des souhaits que je fais pour la conservation de ces deux vies-là: j'espere que vous connoissez mon cœur, & qu'il n'a pas besoin de s'expliquer pour vous persuader de la sincérité de ses vœux pour une troisieme. Tout est fort bien ici, hors la douleur d'être loin de vous. Voilà le placet d'un malheureux ; quelque importunée que vous soyez, vous ne pourrez me savoir mauvais gré d'un peu de pitié.

LETTRE XV.

Ce 9 Septembre 1714.

LA lettre que vous m'avez fait l'honneur de m'écrire, m'avoit tout-à-fait inquiétée, Madame, & je ne puis plus avoir de confiance à ce que l'on me mande sur votre santé : je crois que mes amis, qui savent ma sensibilité pour vous, me flattent & me cachent tout ce qui me peut le plus toucher ; & c'est assurément vous, Madame. Notre Dauphin est à merveille : il doit aller à la chasse avec Mr. Blouin : quand on lui dit que Mr. le Duc de Beauvilliers étoit mort, il dit : *Qui sera donc mon Gouverneur ? il faut que ce soit le Gouverneur de Versailles.* Je crois, Madame, qu'il peut lui procurer des plaisirs après une pareille distinction. Notre Maréchal de Villeroi arrivera demain : la marque de bonté que le Roi vient de lui donner le met au comble de la fortune ; mais celle qui le touche le plus, c'est le retour des familiarités de son Maître ; & c'est, à mon ré, tout ce qu'il y a de plus précieux, & qui l'est pour lui assurément : je l'ai vu plusieurs fois pleurer de tendresse : je parle à qui en sait plus que moi, à celle qui l'a empêché de mourir : oui, les bontés & le cœur du Roi sont au-delà de toute expression, & égalent la grandeur d'ame qu'il marque en toute occasion : aussi je ne sache guere de ses sujets qui ne donnassent une bonne partie de leur vie pour prolonger la sienne ; & cela, Madame, est bien vrai : il mariera son petit-fils, s'il plaît à Dieu : je vous assure que cet enfant a mille choses du Roi, & c'est ce qui m'y attache encore plus. Mon Dieu, que j'ai envie d'être plus vieille, que je ne suis, de deux ans ! Vous ne trouverez pas, Madame, que j'aye grand tort ; mais il faut s'abandonner à la Providence ; j'espere qu'elle ne m'abandonnera pas, & ce que je lui demande le plus vivement, est votre conservation, Madame, & vos bontés pour la Duchesse de V.

LETTRE XVI.

De Madame de Maintenon.

Le 24 Septembre 1714.

JE me cache le plus qu'il m'est possible : je suis trop honteuse de vivre si long-temps ; mais je conserve dans ma solitude les sentiments d'estime que j'ai pour un petit nombre de personnes : vous savez, Madame, que vous en avez toujours été : vous avez connu aussi comme Madame la Princesse de Soubise étoit pour moi : je connois le mérite de M. le Prince & de Mr. le Cardinal de Rohan, & vous savez encore que j'ai eu plus de commerce avec Me. la Princesse d'Epinoy, que nous n'en avons montré ; après tout cela, jugez, ma chere Duchesse, si le mariage que vous venez de faire m'a été indifférent, & si je ne prendrai pas intérêt à Me. la Princesse de Soubise, au moins jusqu'à ce qu'elle soit gâtée ; ce qui est, ce me semble, infaillible dans ce temps-ci : elle est en bonnes mains, Madame, & tout ira bien, tant qu'on ne la révoltera point contre sa mere : quant à vous, je
fais

...is qu'il ne faut point vous compter, & ...u'il n'est question pour vous que de vo-...re Dauphin. La santé du Roi est à sou-...ait : il arrive à six heures de la chasse, ...ù il a couru deux cerfs, & il travaille ...vec Mr. de Pontchartrain. Notre nou-...eau Ministre est content; mais il le sera ...ncore davantage, quand il vous aura ...ommuniqué sa joie. Je suis inquiete de ...e. de Caylus : j'ignore ce qui se passe ...illeurs, même dans le jardin de Dia-...e, qui est présentement un endroit fort ...if, nuit & jour : je passe une partie des ...iens dans ma maison de la ville, qui ...st un assez vilain cabaret : le repos que ...y trouve me fait vivre : voilà vous en-...retenir de bien des inutilités; mais vos ...ontés pour moi me font tout oser. Le ...oi vous donne une grande marque de ...onfiance en vous mettant entre les mains ...e que la France, le monde, & lui ont ...e plus précieux : il vous en coûte cher ; ...ais vous faites ce que personne ne fe-...oit comme vous : vous travaillez pour ...e bien public, tandis que tant de gens ...ont inutiles sur la terre : vos soins sont ...rands, & par conséquent vos inquiétu-...des ; mais, Madame, c'est le sort des gran-...des places : le couvent étoit bien plus ...plus tranquille, & nous étions fort à no-

tre aife aux Cordelieres de Noify, &
dans les promenades que nous faifions en-
fuite. Je n'entends point ce que vous dites, que l'on fe prend de tout à la premiere : j'ai demandé au Roi, s'il lui étoit
revenu quelque chofe de chez vous; il
m'a dit que non; & jamais chambre, de
la nature de la vôtre, n'a été fi paifible :
vous y êtes, ce me femble, auffi abfo-
lue que vous le devez être : parlez-moi
donc plus clairement, ma chere Duchefle :
& ne doutez point que vous ne trouviez en
moi l'amitié, la confidération, l'appui,
l'attention que j'ai toujours eu pour vous :
fi je fuis fans commerce, c'eft mon état
qui m'y force : je fuis honteufe de vivre encore & de montrer par-tout un
vifage mourant de vieillefle, & qui devroit être mort il y a long-temps : ré-
jouiflez-vous, Madame, avec le précieux
dépôt qui vous eft confié, & qui devient la plus aimable créature.

LETTRE XVII.

De Mad. de Ventadour.

Le 28 Septembre 1714.

JE préférerois bien le vilain cabaret que vous habitez, Madame, aux délices du jardin de Diane : & je comprends à merveille la nécessité de cette retraite, pour n'être pas accablée dans votre appartement : je me ressouviens de Fontainebleau, & du bruit qu'il y avoit dans votre cage, c'est ainsi que vous la nommiez : il est vrai qu'on n'y pouvoit résister. Je suis très-inquiete de Me. de Caylus : c'est de ces favorites qui se font aimer de tout le monde, & à qui l'on souhaiteroit tous les bonheurs qu'on leur envie ordinairement, & qu'elle n'a point : son attachement pour vous, Madame, dans tous les temps de sa vie m'a donné l'opinion de son cœur tel qu'on le doit avoir, & votre amitié pour elle ne gâte rien : notre nouvelle alliance de Me. d'Espinoy ne me dédira pas : & depuis la mort de Monseigneur, elles ont reçu des marques d'amitié de Me. de Caylus qui prouvent tout ce que j'en pense, & qui ne ressemblent guere au jeu de la Cour. Nous fûmes hier à Meudon. Monsieur le Dauphin dit qu'il ne veut jamais avoir que cela : nous y consentons tous de bon cœur, & la merveilleuse santé du Roi nous fait espérer que ses souhaits s'accompliront : cette pauvre maison magnifique, qui lasse par sa grandeur, & dans laquelle on ne peut trouver un siege, fait faire de tristes réflexions : notre enfant est à merveille ; il a joué le boiteux en perfection vingt-quatre heures, en m'assurant que le lendemain à sept heures il seroit guéri : il croît fort : très-joli tout seul ; devant le monde, sérieux : je veux l'accoutumer à parler, mais on y a bien de la peine : il est question qu'il vive.

LETTRE XVIII.

De la même.

Ce 19 Octobre 1714.

JE suis sûre de ne vous importuner jamais, Madame, en vous disant que votre petit enfant est à merveille : sa santé se fortifie tous les jours, & je ne l'ose ni lire, ni écrire au point qu'elle l'est, de peur qu'il ne revienne tout d'un coup quelque chose qui nous rejette dans la crainte. Ce qu'il barbouille par jour de lettres au Roi ne se peut nombrer : vous n'êtes pas oubliée, Madame, & il fait déja une partie de ce qu'il vous doit & de ce que vous êtes. Il aimera beaucoup à écrire, mais point à lire : tout ce qui le divertit & qu'il entend va à merveille : la Géographie, les voyages, le dessin, tout cela lui plaît infiniment, & vous seriez étonnée & ravie de sa mémoire : soyez sûre qu'on ne le presse sur rien ; l'Abbé (Perrault) m'a priée de vous en assurer : il est temps de lui donner un maître pour apprendre à bien faire la révérence & pour l'occuper une demi-heure de plus : c'est ce que je demanderai au Roi au retour ; car la journée est bien longue, Madame, & aujourd'hui que son esprit commence à percer, on ne peut l'amuser de niaiseries, & quelques petites regles mettent de la variété dans ses jeux : nos Aides-Majors lui font faire l'exercice : de la grace à tout, comme le Roi : & si vous ne m'aviez pas défendu avec raison d'en faire une petite merveille avant le temps, nous aurions pu donner le paroli à Madame des Ursins : car ne lui en déplaise, nous valons bien son Prince des Asturies : mais nous ne voulons pas briller : notre capital est de vivre, & de prendre peu-à-peu de bons sentiments : le Gouverneur fera le reste ; on l'amuse, & on lui dit toujours quelque chose de bon. Voilà bien vous entretenir d'enfants, Madame ; mais vous aimez tant celui-ci ! La petite mignonne de la Lande, qui est de semaine, me prie de vous assurer de son attachement pour vous : elle n'ose par respect vous écrire : je le fais sans en avoir moins ; mais les bruits qui avoient couru que Mr. le Dauphin avoit eu la fievre, m'ont obligée de vous mander, qu'il n'a jamais été aussi-bien qu'il est.

LETTRE XIX.

De Madame de Maintenon.

Ce 29 Octobre 1714.

EN vérité, ma chere Duchesse, vous avez de belles inventions pour faire des présents, & pour charmer de pauvres filles à qui je tâche de persuader qu'il n'y a rien d'agréable dans le monde : elles ne peuvent le croire quand elles pensent à vous, & elles sont transportées de joie d'avoir en leur possession une robe que ce précieux Dauphin a portée : elle fera honneur à jamais à cette maison : vous l'avez ornée de tout ce que vous avez pu : elle n'avoit pas besoin d'être riche pour nous être infiniment précieuse. Vous trouverez bon que je partage leur reconnoissance, & que je me flatte même d'avoir quelque part au bienfait.

LETTRE XX.

De Mad. de Ventadour.

1714.

J'Eus l'honneur de vous mander hier, Madame, que M. le Dauphin avoit eu une petite fonte, à laquelle il a toujours été sujet depuis qu'il est né, mais bien moins violente que les autres : & cela ne vient plus que très-rarement : il lui en reste un petit enrouement ; mais ni le sommeil, ni l'appétit, ni la gaieté n'ont été altérés : j'ai cependant fait coucher son Chirurgien dans sa chambre ; & ce sont ces fontes-là qui m'ont fait desirer d'avoir toujours un homme de l'art auprès de nous : car avant qu'on aille à la ville, il faut que tout soit passé : heureusement c'est en bien : le brouillard qu'il fit ce jour-là m'empêcha de le mener à Marly : on n'auroit pas manqué de croire que c'étoit cela qui lui avoit attiré cette petite fonte ; & j'ai remarqué que lorsqu'elles lui viennent, c'est toujours quand il demeure dans sa chambre : mais il y a des temps où on ne le peut pas exposer. Sa tendresse pour moi, lorsqu'il a quelque petite chose, ne laisse pas de me coûter, quoique mes peines se prennent volontiers ; mais les nuits sont longues à passer ; j'ai une force qui me surprend pour mon âge : je n'en avois pas tant, étant bien plus jeune ; le bon Dieu me secourt, & je n'en desire la continuation, que pour ce qui me reste de temps à demeurer auprès de mon petit Maître. En vérité, Madame, j'ose dire que je n'ai pas le moindre petit soin ni la moindre précaution à me reprocher ; j'espere aussi qu'elles auront une bonne issue : car ce Prince-là promet & de corps & d'esprit tout ce qu'on peut desirer. Pour moi, Madame, je n'ose vous dire tout ce que votre santé me fait souffrir, quand elle n'est pas bonne : j'ai pour vous, Madame, & pour tout ce qui vous regarde une attache au-delà de tout ce que je peux dire, & vos bienfaits en tombant sur moi, ne sont pas tombés sur un cœur ingrat.

LETTRE XXI.

De Me. de Maintenon.

Ce 23 Novembre 1714.

J'Avois appris hier au soir, Madame, la petite fonte que Mr. le Dauphin avoit eue, qu'on ne compteroit assurément pour rien à un autre : je suis bien persuadée que vous faites de bon cœur ce que vous faites auprès de lui, & que vous ne pourriez pas même vous empêcher de le faire, l'aimant autant que vous l'aimez, & connoissant aussi-bien l'importance dont il est ; mais quand il vous a fait veiller la nuit, Madame, il faut se reposer le jour, & vous conserver pour lui : c'est votre tendresse qui vous donne des forces : & vous n'êtes pas encore si décrépite, Madame, que vous deviez être étonnée des ressources que vous trouvez : elles vous meneront loin selon les apparences, & je trouve bien mauvais que vous parliez de votre vieillesse à une personne qui vous a vu naître, & qui étoit déja assez raisonnable, pour qu'on la consultât sur ce que vous seriez à l'avenir : ma prophétie a été très-bien remplie. J'ai trop de marques de votre bonté, Madame, pour en douter : je regarderois un doute comme une ingratitude. Je me porte fort bien, le quinquina me donne une grande vigueur. Me. de Caylus est toujours très-délabrée; elle vient dîner avec moi, mais c'est pour me sauver la peine d'aller chez elle, car elle ne devroit point sortir de son lit. Vous voyez, Madame, avec quelle confiance je vous réponds : je voudrois pouvoir vous montrer aussi-bien le tendre attachement que j'ai pour vous.

LETTRE XXII.

De Mad. de Ventadour.

Ce 14 Janvier 1715.

JE vous avoue, Madame, que j'ai le cœur serré de l'état présent de Me. des Ursins : car pour l'avenir j'espère qu'avec un bon esprit elle verra bien que rien ne se fait qu'avec la permission de Dieu, qui a voulu par une disgrace des plus singulieres lui faire connoître que rien n'est stable ici-bas, & qu'il n'y peut avoir d'heureux que ceux ou celles qui peuvent de bien loin vous imiter : sans cela, je ne crois pas qu'elle puisse arriver & qu'elle ne meure pas de douleur. Il n'y a ni moment ni événement dans le monde qui ne fasse comprendre combien la vie du Roi & la vôtre sont précieuses ; je sacrifierois volontiers la mienne pour vous & pour lui.

Me. de Soubise a présenté sa petite requête à Mr. Blouin : effectivement, Madame, on a cru qu'il ne falloit pas encore qu'ils eussent de maison pour éviter des retours de chasse avec une jeunesse que son mari pourroit amener ; ainsi, Madame, la pauvre petite vient dîner ou chez Me. la Princesse de Conti, ou chez nous : cela est très-incommode, & pour elle & pour moi : ce n'est pas grand'chose que l'appartement de Me. de Nevers ; mais il nous feroit grand plaisir, si le Roi lui faisoit la grace de le donner. On dit que je gâte votre enfant ; c'est une nécessité : sans cela nous ne l'aurions point.

J'aime fort mon cher Papa Roi. Voilà l'œuvre de M. le Dauphin. Il a fallu le laisser faire. Je ne vous écris point, qu'il ne vous fasse des amitiés.

LETTRE XXIII.

De la même.

1715.

JE vous dis vrai, Madame; vous ne pouvez être malade que l'inquiétude que j'ai de vous ne me le rende aussi; j'ai tant de raisons de vous être attachée, qu'il n'est pas étonnant que la moindre chose qui vous regarde m'allarme beaucoup; mais la plus forte de toutes mes raisons est la sensibilité de mon cœur pour vous; portez-vous donc bien, cela est nécessaire à notre jeune Prince. La mort du Prince de Piémont n'a pas laissé de m'inquiéter encore pour lui, & j'ai été affligée avec cette pauvre Reine. Notre joli mariage va fort bien, & m'en fait encore plus regretter cette Princesse d'Harcourt, qui a été de mes amies de tous les temps : ce n'est pas la mode de se soucier de quelque chose ; je voudrois de tout mon cœur m'y mettre : car étant assez heureuse pour avoir nombre d'amis

& d'amies, on passe mal son temps en partageant leur malheur : & les bonheurs ne nous font pas le même effet. M. le Card. de Rohan a écrit à Mlle. d'Aumale au sujet du logement. Voilà pourquoi, Madame, j'en écrivis un petit mot à Mr. Blouin.

LETTRE XXIV.

De Mad. de Maintenon.

Vous rassurez les autres, ma chere Duchesse, & vous auriez peut-être besoin de l'être vous-même : j'espere pourtant que ce ne sera rien : je mourois d'impatience de voir votre messager, & j'étois bien-aise qu'il ne vînt pas si matin : on est bien malheureux quand on s'attache. Le Roi fut très-inquiet hier, quand je lui dis cet accident ; je lui ai lu votre lettre : il est entré dans ma chambre comme je venois de la recevoir. Dieu conserve l'Enfant & la Gouvernante : ils sont nécessaires l'un & l'autre.

Je vous plains de vous intéresser avec tant de bonté à la santé d'une personne de mon âge : vous avez pourtant raison de l'aimer un peu, car vous savez qu'elle vous a autant aimée dans votre enfance, qu'estimée quand vous avez été en âge de paroître. Je ne me vanterois pas de mes maux, si j'y croyois la santé de votre enfant intéressée. Je crois que Me. la Princesse de Soubise a un logement : je n'avois garde de manquer de la mettre à couvert : car comment auroit-elle pu trouver quelqu'un qui parlât pour elle ? Il auroit pourtant été assez curieux de la voir coucher dehors, au milieu d'une famille qui ne laisse pas d'avoir quelque petite considération. Bon jour, Madame ; je me porte assez bien aujourd'hui, & je me porterois encore mieux, si j'étois moins accablée ; mais aucune mauvaise humeur ne peut m'empêcher de recevoir vos lettres avec plaisir, & d'y répondre de même. Il est triste qu'on ne puisse jouir de vous.

LETTRE XXV.

De Mad. de Ventadour.

Jeudi 1715.

UN bruit s'est répandu ce matin, que le Roi avoit eu la colique ; vous jugez bien, Madame, que je ne l'ai pas entendu, sans en être hors de moi. Le Maréchal de Tallard m'a fait le plus grand plaisir qu'il me fera de sa vie, en m'apprenant que ce n'étoit rien, que le Roi avoit dîné en public, que son visage étoit bon, & que la sérénité du vôtre le disoit assez. Le fond de sa santé est admirable; mais si l'on ose parler, il ne la ménage pas. Hé! mon Dieu! qu'elle est nécessaire! En vérité, Madame, plus encore par attachement pour Sa Majesté, que pour tout ce que l'on peut envisager de terrible, que Dieu nous le conserve! vos saintes prieres me donnent toute sorte de confiance, & pour lui, & pour notre cher Prince qui est un peu enrhumé : mais rien qui puisse inquiéter; je tâche de faire auprès de lui tout ce que j'ai eu l'honneur de vous entendre dire souvent: il n'est pas temps de le fatiguer dans un âge si tendre : il ne faut songer qu'à sa santé, & à le divertir, & encore en enfant; car les grands plaisirs l'attachent. Je vous assure, Madame, que je donne souvent congé aux Maîtres, & que nous faisons nos leçons ensemble en riant : il aura de l'esprit à tout ; le Gouverneur mettra en œuvre pour moi : je n'ai qu'une jolie matiere à lui remettre entre les mains, c'est à lui à la travailler & à la polir; &

elle se prêtera sûrement à toute l'industrie de l'ouvrier. Au nom de Dieu, Madame, puisque je crains tant de vous importuner en allant vous voir, ne m'abandonnez pas sur les ordres & les conseils ; je tâche de deviner ce qui peut être de votre goût. Mais j'en serai toujours plus certaine, quand un petit mot m'en instruira : car enfin, ce dépôt précieux m'est abandonné : je ne crains pas que de tant de femmes & de domestiques du bas étage, qui souvent parlent mal-à-propos, il y en ait aucun qui puisse dire, que je l'ai négligé un seul moment : & c'est beaucoup, mais il est mille choses où l'on peut manquer sans préjudice au zele : & c'est de celles-là, Madame, que je vous demande la grace de m'avertir souvent : je vous écrirois pour vous demander vos avis ; mais, chargée de tout l'Etat, comme vous l'êtes, je crains de vous charger encore : c'est pourtant votre enfant bien-aimé, & c'est de vous que je le tiens. Entendez parler de lui sans vous ennuyer : il faut cela à sa pauvre Gouvernante, vous est attachée plus tendrement & avec plus de respect mille fois qu'el ne peut jamais vous l'exprimer la Duchesse de V.

LETTRE XXVI.

De Mad. de Maintenon.

Ce 14 Juin 1715.

JE vous assure, Madame, que l'incommodité du Roi a été moins que rien: il ne dormit pas la nuit, parce que les pois & les fraises lui donnerent des vents; il dîna légérement, & dormit huit heures de suite; il vint ensuite chez moi avec un visage & une humeur admirable: il soupa avec les Dames, & a bien dormi cette nuit : il ne faut pas s'attendre qu'il vieillisse sans aucune incommodité; & je vous avoue que je ne serois pas fâchée, de lui en voir quelquefois; car autrement il ne se retiendra jamais sur sa voracité. On ne peut rien ajouter à vos soins pour notre trésor: & la France sera très-contente de vous, si vous le rendez bien sain: il y a lieu de l'espérer; je n'ai jamais vu ni directement ni indirectement qu'on vous accusât de le négliger; l'idée qu'on a de vous est bien différente: on croit que vous n'avez d'attention & de vie que pour lui, & qu'outre l'importance dont il est, vous avez une tendresse extrême pour sa très-charmante personne. Il est vrai, Madame, que ma grande expérience me fait croire, qu'il est inutile de se presser d'apprendre quelque chose aux enfants : il ne leur faut pas la moindre contrainte ; & puisque vous voulez absolument que je vous donne quelques avis, je vais le faire, pourvu que vous gardiez le secret, sans nulle exception. Comme on ne peut jamais avoir trop de raison & de vertu, je crois qu'on ne peut l'inspirer trop-tôt ; je voudrois qu'on le dressât peu à peu au secret, en l'accoutumant à ne pas redire ce qu'on lui aura confié ; je voudrois n'exiger rien de lui sans lui en rendre raison ; il est dangereux de l'habituer à obéir aveuglément : car ou il seroit gouverné, ou il voudroit être obéi de même. Je voudrois qu'on lui inspirât l'humanité, & qu'on ne lui montrât jamais l'exemple de la moindre tromperie ; qu'il songeât à ce qui convient aux autres, & sur-tout qu'il fût reconnoissant. En voilà assez, ma chère Duchesse, pour vous prouver que je ne puis rien vous refuser.

LETTRE XXVII.

De Mad. de Ventadour.

Dimanche 1715.

Es nouvelles que vous m'avez fait l'honneur de me mander, Madame, m'ont redonné la vie : car l'inquiétude est toute différente de loin que de près ; quelque petit remede de temps en temps rafraîchira le Roi : tout est admirable en lui. Le rhume de M. le Dauphin continue. Je ne parlerai à personne, puisque vous me l'ordonnez, Madame, des avis que vous me donnez : ils seroient admirés, comme tout ce qui vient de vous doit l'être : j'en ferai bien mon profit, ou pour mieux dire celui de mon Prince : c'est un grand malheur pour lui d'être si jeune ! car il auroit appris de vous, Madame, à force de vous voir & de vous entendre, tout ce que la vertu, la noblesse d'ame, la piété peuvent inspirer de solide & de grand. Pour devenir un Roi accompli, il n'auroit qu'à mettre en pratique une partie de vous-même : que cela seroit heureux pour ceux qu'il gouvernera un jour! j'espere que nous ne le verrons jamais, c'est ce que j'envisage de meilleur; mais tant qu'il sera entre mes mains, je garderai ma petite lettre, & je prendrai là mes leçons pour les faire à mon petit Maître : personne n'en peut mieux donner que celle qui les pratique, & dont l'esprit & le cœur sont au-dessus de tout, comme la fortune.

M. le Dauphin m'interrompt; il veut que je vous dise, Madame, qu'une de ses dents a percé. Que je serois heureuse, si ce que je fais pour lui, je le faisois pour Dieu!

LETTRE XXVIII.

De Madame de Maintenon.

Ce 16 Juin 1715.

SI on voyoit vos dernieres lettres, Madame, on admireroit plus celle qui reçoit les avis que celle qui les donne : car il est plus ordinaire de savoir discourir que de prendre ce qu'on nous donne avec votre modestie & votre douceur : c'est une grande vertu en vous, Madame, que Dieu a mise au-dessus de moi

Mais j'ai encore une chose à dire, c'est que si vous suivez mes idées, votre éducation ne brillera point : tout le mérite sera pour l'avenir, & il n'en paroîtra rien dans le temps présent : feu Monseigneur savoit à cinq ou six ans mille mots Latins, & pas un quand il fut maître de lui. Vous voyez bien, Madame, que le Roi est en bonne santé, puisque je n'ai pas commencé par vous en rendre compte : il dîne chez moi, & recommencera apparemment à bien manger des pois & des fraises qui font mourir M. Fagon. On a une grande passion de voir votre Prince à St. Cyr : le jardin est en beauté : il n'y a point de malades, mais il fait encore froid. Ne sauriez-vous guérir notre Maréchal de ses inquiétudes ? il croit voir mieux que moi l'état du Roi, & croit toujours tout perdu.

LETTRE XXIX.

De Mad. de Ventadour.

1715.

LES moments que j'ai l'honneur de vous voir, sont si courts, Madame, que je ne puis vous y rendre aucun compte : cependant je suis sûre que vous seriez contente de celui que je pourrois vous rendre de notre Dauphin : ce précieux enfant augmente chaque jour en santé, en esprit, en douceur d'humeur ; il contentera le Roi, sûr-tout avec un peu de patience : le Camérier vint hier voir les eaux & dîner chez moi : il ne pouvoit se lasser de regarder notre Dauphin, & lui trouvoit la physionomie digne de sa naissance : les étrangers en sont charmés : au reste, Madame, je vous supplie de croire que ce n'est pas mon plaisir qui m'engage à le mener aux revues, & aux endroits publics. J'ai cru cela nécessaire pour affermir le bruit de sa bonne santé, & pour l'accoutumer au monde & au fracas ; car pour moi, je suis toute rouée : je l'ai sur moi en mouvement perpétuel ; mais il faut se prêter à ses plaisirs ; tout ce qui est de guerre ne l'ennuye jamais : comme je crains toujours d'importuner, & que l'attirail de sa suite ne soit trop grand, ayez la bonté, Madame, de me faire mander si nous n'incommodons pas le Roi : je devine ce que je puis ; mais il est mille choses qui m'échappent ; je ne désire pas me faire valoir, mais aller au bien : j'ai mis en pratique vos aimables leçons, elles réussissent à merveille; il ne nous manque que de la hardiesse. Dieu conserve à votre enfant, & le Roi & vous! il en a besoin : je l'espere, quand je pense à la maniere miraculeuse dont cet enfant a échappé à la mort; & vous ne m'avez pas mise où je suis, Madame, pour ne m'y pas honorer toujours de vos bontés & de vos avis. Je vis notre ami (le Maréchal de Villeroi) à Marly : vous savez, Madame, d'où toutes ses frayeurs partent; pour moi, je fus très-contente : car je trouvai au Roi un très-bon visage; je ne la fus pas tant le jour de la revue : on veut que les Rois se portent toujours bien, cependant ils sont hommes comme nous : que Dieu le conserve, & long-temps! pour changer, il faut s'y attendre : c'est ce que vous ne faites pas, Madame, pour les personnes que vous honorez de vos bontés : si vous pouviez savoir combien cela m'a soutenue, loin de me les diminuer, vous aimeriez mille fois plus la Duchesse de V.

LETTRE XXX.

De la même.

1715.

LE Prince que vous aimez tant, Madame, que vous regardez toujours avec plaisir & avec inquiétude, que je n'ose vous mener, de peur de joindre encore cette importunité à toutes celles que vous avez déja : ce Prince se porte si bien, & se fortifie tellement d'esprit, de corps & de douceur, ce qui marque le mieux la bonne santé, que je ne puis m'empêcher de vous en rendre compte, sûre de vous donner un moment de joie : il voulut Dimanche entendre une premiere grande Messe : je lui dis: *Hé bien, Monsieur, demandez une grace à Dieu : qu'est-ce que vous lui voulez demander ?* Sans hésiter, il répondit : *Je lui demande celle de conserver le Roi toujours en bonne santé,* Ce n'est point en radoteuse de Gouvernante, que je vous le dis : car je sais que tous ces discours ne sont point crus : aussi on n'a jamais moins parlé d'enfant que de ce précieux-là; car je n'aime pas le ridicule,

dicule, & je trouve que c'est beaucoup faire, que de s'en sauver à la Cour : on me demande sa santé sur toutes choses ; je commence à en être certaine, & je ne me vanterai des peines qu'il m'a données, que lorsque j'aurai le bonheur de l'avoir remis entre les mains du Roi : après cela, Madame, je vous en rendrai compte; car il ne sert de rien de bien faire, si ce point ne réussit pas. J'ai été obligée de prendre médecine, ce qui l'a fâché; car il me persécute pour Marly : il sera Courtisan. J'apprends avec une joie que je ne puis vous exprimer, Madame, que votre santé est meilleure à Marly : quelles inquiétudes ne me donne-t-elle pas? Mr. Blouin vous a trouvé un visage charmant: n'oubliez pas celle de toutes vos créatures qui vous est la plus dévouée, & qui vous aime avec le plus de passion : vous voyez que je vous parle d'amour : mais pourquoi me défendez-vous le respect qui vous est dû par tant d'endroits, meilleurs les uns que les autres, & qui n'échappent pas à la Duchesse de V.

LETTRE XXXI.

De la même.

Ce 18 Septembre 1715.

Votre cher enfant se porte à merveille : son Gouverneur l'aime autant que sa Gouvernante, & je vois avec le seul plaisir qui peut me rester que tout le monde est comme nous, que l'on ne connoissoit pas ce grand Prince comme je faisois ; je n'osois même en parler : je ne peux, selon ce que vous pensez, Madame, vous parler d'autre chose : chaque jour augmente ma douleur : ce sont des larmes de sang qu'il faut répandre. Permettez-moi d'aller à St. Cyr. Je ne vous verrai pas, mais je serai du moins plus près de vous.

LETTRE XXXII.

Du 27 Novembre 1715.

N'Avez vous pas assez bonne opinion de moi, Madame, pour croire qu'il n'y a ni Roi ni Régent qui pût m'empêcher à tous les moments de ma vie de vous marquer mon respect, Je vous obéis en ne vous le marquant pas : je retiens chaque jour mon zele pour me conformer à l'envie que vous avez d'oublier tout le monde : sentiments que je trouve très-aisés à imiter aujourd'hui, mais non dans les vues & dans les perfections que vous les pratiquez : vous ne voulez entendre parler que de la santé de mon petit Maître : il ne vous reste que cela de sensible : elle est augmentée par une chair ferme, & une bonne graisse, & une gayeté qui ne le quitte pas de toute la journée : nos petites Dames & leurs meres ressentent l'effet de votre protection, puisque leurs maris sont assurés d'un poste agréable auprès de leur Maître : pour moi, j'adore tout ce que vous avez aimé : je voudrois bien qu'on pût marier Mr. d'Aumale, qui est un très-honnête homme, & mal dans ses affaires : je ne doute pas que M. le Maréchal de Villeroi ne saisisse cette occasion de vous marquer son attachement infini.

LETTRE XXXIII.

Ce 10 Janvier 1716.

Quand je me prive du plus grand plaisir que je puisse avoir, de peur de vous importuner, Madame, vous pourriez croire que je ne suis pas occupée de vous depuis le matin jusqu'au soir ; non, Madame ; mon petit Roi, qui ne me laisse pas le temps de respirer, n'empêchera jamais que je ne songe à vous avec plus de tendresse & de respect que je n'ai jamais fait. Je n'ai point reçu de lettre de vous, je n'osois en espérer même, & c'est ce qui me retenoit d'écrire, ne sachant si vous le trouveriez bon. Je suis bien fâchée de ne vous envoyer que vingt louis : Paris nous a mis à sec ; & c'est encore une de mes grandes peines d'être chargée des menus plaisirs du Roi, & de voir toute la France tomber sur moi, & des miseres inconcevables qu'on ne peut soulager que médiocrement. Vous serez toujours la maîtresse de tout ce qui dépendra de moi ; mais recevez cette fois le *denier de la veuve*.

La tête tourne de tout ce qu'il faut faire, & de ce qu'on voit faire; & ma grandeur me fait pleurer tous les matins : mon Roi sera quelque chose de grand & de bon, si Dieu le conserve. Voilà mon unique point de vue. Nous avons été faire une petite visite à la Reine d'Angleterre, non sans quelque inquiétude; mais on ne peut mal faire quand on fait son devoir. J'ai vu Me. de Caylus, j'en ai été ravie : jugez de ma joie, si je puis jamais *me jetter à vos pieds* : elle sera mêlée de douleur assurément; mais je pourrai ouvrir mon cœur avec vous. Il ne faudra pas attendre que j'aye quitté le Roi : un beau jour de Printemps ou d'Eté, si vous le permettez, pourra faire mon bonheur: je n'en demande point d'autre, que de vous marquer, Madame, que vous n'avez pas fait toujours des ingrates dans le bien que vous avez fait : & comment vous le faire connoître, sinon par mon attachement pour l'unique reste de votre Roi? Les Messieurs sont tous très-bien; mais quand vous les exhorterez à se dire que l'enfant n'a que sept ans & demi, ils ne feront que mieux. Je suis persuadée qu'il faut y aller doucement pour le bien du corps & de l'esprit. Il n'a point d'humeur; son amitié pour moi continue fort joliment; c'est encore ce qui m'attache;

mais vous ne m'en ferez pas une foiblesse, vous à qui il a passé dans le cœur tant de sentiments pour ceux que nous avons perdus, & à qui il en reste tant pour celui que vos prieres nous ont conservé. Que ne peut-on vous voir ? vous ne verriez, Madame, que la Duchesse de V.

LETTRE XXXIV.

Ce 11 Février 1716.

J'Avois tant de choses à vous dire, Madame, sur mon malheureux événement, qu'il auroit fallu un volume pour vous informer de tout : & en vérité, vous ne sauriez vous empêcher de trouver le procédé de l'homme que vous aimez, inouï dans toutes ses circonstances. Il se tue de parler à tout le monde pour se justifier; mais le public n'est pas pour lui, & je me trouve quelquefois assez sotte pour être fâchée de ce qu'on dit de lui : un ami de quarante-cinq ans vous manquer sans aucune raison, & se persuader que c'est lui qui a sujet de se plaindre, & n'écouter que sa passion ! rien n'est plus désolant : non que j'eusse envie, ni Mrs. de Rohan, d'un retour de sa part : en premier lieu, il y avoit long-temps qu'on travailloit pour Mlle. de Luxembourg : de plus, ce n'étoit pas le grand bien de Mr. le Maréchal, qui nous tentoit; car on peut vivre avec 100000 liv. de rente, comme avec 500000; mais l'état où je me trouve avec le Roi, unissoit des gens qui lui sont dévoués d'une façon si intime. Mon objet principal est le Roi, & voilà ce qui me désespere : tout le reste ne vaut pas d'être compté.

J'ai été si pénétrée de douleur, que je n'ai pu vous écrire, quelque doux qu'il m'eût été d'être consolée par vous. Vous avez bien à faire d'être interrompue par les malheurs d'autrui ! & qu'est-ce que nos peines en comparaison des vôtres ? Je me trouve uniquement seule avec le Roi : je fais toutes les charges de sa maison; nuit & jour occupée de sa santé, enfermée dans une cage : plus de commerce avec des amis de quarante-cinq ans : plus de conseils à prendre de personne : l'affront fait à ma famille me touche moins que tout cela : Dieu me soutiendra, s'il veut la conservation de ce précieux enfant; car j'ose dire que je ne lui suis pas inutile.

Non, Madame, point de retour. Mr. le Maréchal de Villeroi croit qu'il seroit déshonoré d'avoir Mlle. de Rohan, avec quatre cents mille francs : les substitutions le choquent : hé ! nous en avions parlé cent fois : la boîterie, comme si cet accident étoit arrivé hier, ou dissimulé par nous. Je l'ai vu content de tout : il me montre le matin une lettre de vous, où vous l'exhortiez à conclure : & le soir j'en reçois une de lui, qui m'apprend que tout est rompu; & cela après que Mrs. de Rohan ont bien voulu entrer dans toutes les facilités qu'on leur proposoit. Peu m'importe de manquer ce mariage; mais je ne me console point de perdre un ami sur lequel je comptois, & que tout devoit engager à s'unir plus étroitement à moi. Nous nous voyons chez le Roi, sans nous parler. Je suis comme une prisonniere d'Etat. J'aurois pris brusquement mon parti, si ce que je dois au feu Roi, si les larmes de cet enfant ne m'eussent retenue. Le public aime les scenes, & celle-ci ne finit pas. Mr. le Prince & Mr. le Cardinal de Rohan sont bien sages, & se moquent, sans le dire, de ce que le Maréchal conte par-tout ses raisons & les conte mal : sûrement, si l'on avoit pu vous parler, tout ceci ne seroit pas arrivé. Ne m'oubliez pas, Madame : le charme de votre souvenir soutiendra la Duch. de V.

LETTRE XXXV.

Ce 30 Mai 1716.

JE suis sûre, Madame, que l'état où vous savez M. le Maréchal de Villeroi, & pour lui, & pour l'état de sa petite-fille, vous touche infiniment: je suis assez sotte pour être affligée, & pour ne pouvoir demeurer un moment sans en savoir des nouvelles, qui sont toujours les mêmes: la vie est triste à passer avec un bon cœur. Qu'il me manque en tout, je ne lui manquerai jamais en rien. Notre Cardinal est parti ce matin, avec une grande partie de ma famille: je les envie d'être avec lui; mais c'étoit pour moi une consolation de l'avoir: cependant j'approuve le parti qu'il a pris: il est très-content de Mr. le Régent; mais sa présence n'avanceroit pas les affaires davantage: il reviendra aussitôt qu'on le lui ordonnera, sans humeur, ni rancune. Notre petit Roi augmente chaque jour en bonne santé & en bonne humeur: il se réveille, en ce moment, gai, frais & sans émotion: & enfin, je ne souhaite que la continuation de ce que je vois, malgré tous les défauts qu'on lui veut trouver. Que n'a-t-il été Dauphin plus long-temps ? il eût été inftruit par vous : il feroit devenu un Prince parfait : ce fera l'ouvrage de votre ami.

LETTRE XXXVI.

De Mad. de Maintenon.

JE reconnois bien votre cœur, Madame, à la compaffion que vous fait M. le Maréchal de Villeroi : & je ne croirai pas que vous foyez implacable fur un raccommodement, quand vous me le diriez vous-même : ce mot-là n'eft point fait pour vous. J'efpere que Me. la Maréchale d'Harcourt, à force de réfifter, vaincra. Je n'ai pas vu fans peine Mr. le Cardinal de Rohan s'éloigner : mais fi l'on étoit affez heureux pour envifager la fin des affaires de l'Eglife, il reviendroit bien vite : point de folitude ni de détachement du monde, qui puiffe rendre indifférente à ce qui fe paffe là-deffus : & tout bon Catholique doit être affligé de voir la force & la hardieffe du parti qui lui eft oppofé : j'efpere, Madame, que nous ferons toujours de même Religion,

& que nous nous rejoindrons un jour pour ne nous plus quitter. Je n'aurois pas eu la même confiance pour tout ce qui compoſoit autrefois le Couvent de Marly : mais laiſſons en paix les cendres des morts. Adieu, ma chere Ducheſſe : il me ſemble que je ne vous ai point fait aſſez de remerciments de la viſite dont vous m'avez honorée : je ne l'aurois jamais crue praticable ; mais rien n'eſt difficile à l'amitié courageuſe : quand je penſe que la Gouvernante du plus grand Roi du monde, & que la Dame de la Cour la plus néceſſaire & la plus occupée, a fait huit lieues pour moi, je ne puis exprimer à quel point je ſuis, &c.

LETTRE XXXVII.

De Mad. de Ventadour.

VOus auriez eu un courier de moi, Madame, ſi je n'avois ſu qu'on vous avoit dit la petite incommodité du Roi : elle a été très-légere : nous en avons eu de bien plus fortes, dont il n'a pas été queſtion, parce que la compagnie n'étoit pas ſi nombreuſe : choſe qui à ſon âge lui eſt plus préjudiciable qu'utile : un vent le fit rougir & pâlir : il se coucha nonchalamment sur moi, qui suis son recours ordinaire dans ses maux : ensuite il fit son potage lui-même, & trouva du soulagement à ne plus faire le Roi : souvent il n'auroit pas mangé, quand il étoit Dauphin, s'il n'étoit venu chez moi. Cette étiquette, ces cérémonies, ces spectacles me désolent. J'y remédie *incognito*, autant que je peux. Nous sortons du sermon : j'ai voulu le promener aux Tuileries ; mais pour peu que l'ordre ne soit pas donné, l'empressement de le voir le fait étouffer. Paris l'aime à la folie. Je ne puis, Madame, vous parler de moi : il est miraculeux que je résiste à la douleur & à la peine : onze mois sont encore bien longs ; mais quelque dégoût que j'aye, je suis utile à mon Roi, & tous mes devoirs sont renfermés dans ces mots. Il écrit à merveille : mais c'est un enfant qu'il faut ménager : car naturellement il n'est pas gai ; & les grands plaisirs lui seront nuisibles, parce qu'ils l'appliqueront trop. On voudroit exiger de lui, qu'il représentât toujours avec la même égalité d'humeur : vous savez, Madame, combien cette contrainte est mal-saine à tout âge. Vous vous moquerez de moi, si je vous dis qu'il a des vapeurs : rien n'est pourtant plus vrai : & il en a eu au berceau, de-là ces airs tristes & ces besoins d'être réveillé : on en fait tout ce qu'on veut, pourvu qu'on lui parle sans humeur. Adieu, Madame : ayez un peu d'amitié pour une personne qui vous respecte plus que tout le monde ensemble.

LETTRE XXXVIII.

De Mad. de Maintenon.

Ce 6 Octobre 1716.

IL n'y a que vous, Madame, qui soyez capable d'avoir pour une pauvre vieille retirée, les mêmes attentions qu'une autre auroit pour plaire à la faveur : rien ne peut me surprendre en vous : depuis longtemps votre cœur m'est connu, & il est très-digne d'être le modele de celui d'un Roi de France. Je vous rends mille graces, Madame, & pour moi, & encore plus pour St. Cyr, qui jouira plus longtemps des présents que vous nous faites. Les prieres redoubleront encore pour le Roi : je serois bien fâchée qu'il discourût à l'âge qu'il a : rien ne fait plus de trahisons que ces raisons prématurées.

Il est vrai, Madame, qu'on ne parle que du mauvais visage du Roi, & de sa mauvaise humeur, qu'on veut même qui ne vienne que de sa mauvaise santé ; mais comme on ne dit rien de nouveau, je n'en suis point du tout allarmée, & je suis pleine d'espérance qu'il vivra. Il me semble que Dieu l'a retiré d'une grande extrémité pour en faire quelque chose ; mais je crains pour vous la tendresse que vous avez pour lui : & comme votre place est la plus grande qu'une sujette puisse avoir, je crois aussi qu'elle est la plus malheureuse. M. le Duc du Maine avoit des vapeurs à trois ans : comme il n'y a rien à y faire, je crois, Madame, que vous ne vous en allarmez pas : je voudrois que votre petit Roi mangeât souvent chez vous : la représentation ne peut lui être bonne, puisque tout ce qui contraint nuit à la santé. Je fus très-mécontente de la visite dont vous m'honorâtes : la presse étoit trop grande ; mais il n'est pas possible que vous quittiez de si loin, & je ne puis, Madame, vous être bonne à rien. Je vous rends mille graces de la continuation de vos aumônes pour la femme que je vous avois recommandées ; son mari l'a forcée de quitter Me. d'Haussy ; mais, Madame, votre charité a bien su la trouver : & ses prieres sont bonnes par-tout pour vous & pour le Roi : c'est une sainte que j'ai vue de près : vous croyez bien, que celles qui sont ici font de leur mieux, pour obtenir de Dieu la conservation de votre Prince : elles l'aiment bien tendrement, & sont enchantées de la Gouvernante : que seroit-ce si elles connoissoient comme moi tout ce qu'il y a en vous d'aimable & d'estimable, tout ce dont j'ai été touchée de si bonne heure? Adieu, Madame : M. de Fréjus (le Cardinal de Fleury,) doit faire un pénible personnage entre un Gouverneur & une Gouvernante, qui ne s'entendent pas, & qu'il honore également.

LETTRES
DE MADAME
DE MAINTENON
ET DE MAD. LA MARQUISE
DE DANGEAU.

LETTRE I.

De Mad. de Maintenon à Mad. de Dangeau (1).

D'un lieu délicieux, ce 16 Décembre 1687.

OUI, Madame, l'appartement du jeu est meublé de neuf : j'avoue que je ne l'ai pas vu ; mais vous, qui vous pi-

___

(1) N. de Leuweſtein de Baviere, fille d'honneur de Madame la premiere Dauphine, mariée en 1686 au Marquis de Dangeau, veuf de Mlle. Morin, Menin de Monſeigneur, Gouverneur de Touraine, Grand-Maître de l'Ordre de St. Lazare, en 1696, Conſeiller d'Etat d'Epée, & en

quez d'être si bien instruite, savez-vous que cet appartement s'appelle l'*Afrique*, celui du Roi, l'*Europe*; celui de Madame, l'*Asie*; & le mien, l'*Amérique*?

Le Roi vous destine, Madame, la chambre de Mlle. d'Armagnac: je suis venue la reconnoître: & c'est de-là que je vous écris. Le Soleil l'éclaire de ses premiers rayons: elle est vis-à-vis mes fenêtres: je pourrai tous les matins vous dire mon amitié par quelque signe agréable: vous n'y aurez à craindre que mes importunités. M. de Dangeau logera chez M. du Maine, & n'aura que l'escalier à monter. Vous y trouverez votre santé, vos plaisirs, votre gaieté. On vous souffrira avec tous vos défauts: robe d'houete, écharpe, bonnets, serviettes sur la tête; ce sont tous ceux que je vous connois. Cette chambre est blanche comme vous, & seche comme moi.

_____

1697, Chevalier d'honneur de Madame la Duchesse de Bourgogne. Mad. de Courcillon étoit leur bru, & celle qui est appellée ici *la petite belle*, leur petite-fille, & aujourd'hui Princesse de Rohan, & *matre pulchrâ filia pulchrior*.

LETTRE II.

De Mad. de Dangeau à Mad. de Maintenon.

VOs Dames du Palais se remplacent trop vîte, pour que je puisse me ressentir de la mort de Me. de l'Hestorgue. Ma présence vous rejettera dans le désordre du jeu: les Ministresses sont trop fortes, jointes ensemble : je ferai le contrepoids. Je ne vous parlerai plus ni de veuves, ni de petites filles : elles vous ruineroient: vous ne cherchez ni le blâme ni les louanges du monde : tout vous est indifférent, hormis le bien. Adieu, Madame, je vous aime de tout mon cœur, & en vous le disant, je respire. J'aurois grand besoin d'un sermon du P. Gaillard: car je suis toute pervertie : cependant je dis avec le bon larron: *Je vous prie, que je sois aujourd'hui avec vous.*

LETTRE III.

De Mad. de Maintenon.

Voilà, Madame, ce bijou si long-temps disputé (*à la ressource*); trouvez bon que je répare l'aveuglement de la fortune, qui se déclara hier pour moi dans la seule dispute que je puisse jamais avoir avec vous.

Si vous vous portez bien, si vous n'avez pas arrangé votre journée, si vous n'êtes point nécessaire à Mad. la Duch. de Bourgogne, si vous ne craignez point le chant, s'il ne pleut point, si vous avez envie de prier Dieu dans un Oratoire vert, si vous voulez vous promener dans l'allée de l'Institutrice (1), si vous voulez rêver un moment dans celle des *réflexions*, si St. Cyr vous plaît encore, si vous ne vous lassez point de faire les délices de ma vie, si connoître ce que vous valez donne quelque droit à jouir de vous, vous viendrez dans mon carrosse, qui remene à Versailles Me. Petit.

---

(1) Allée du jardin de St. Cyr, ainsi nommée par Louis XIV, qui donna aussi un nom à toutes les autres allées.

LETTRE IV.

Mesd. de Caylus & de Dangeau.

Nous vous croyions seule : nous nous en retournons, à moins que notre dehors ne vous plaise plus que votre dedans.

Mad. de Maintenon.

Entrez, Mesdames, quoique vous veniez mal-à-propos; mais ne prenez pas la hardiesse de m'aborder,
Qu'Esther ne vous appelle, ou vous fasse appeller.

Mesd. de Caylus & de Dangeau.

Tout est donc perdu ! & nous n'aurons ni le dîné chez la petite niece, ni cette petite conversation, ni cette grande retraite avant cette grande musique. Au moment que vous voudrez nous voir, le Roi entrera dans votre chambre, tant vous êtes rusée, & nous ne baiserons point le *sceptre d'or* : tout est donc perdu !

Mad. de Maintenon.

Tout n'est point perdu, nous aurons la promenade : ne craignez ni mes cruautés ni mes artifices : mes forces font revenues : nous nous reverrons, & tout fera gagné pour moi.

LETTRE V.

De Mad. de Maintenon.

Ce 4 Septembre 1704.

CEst assez, ce semble, de déplorer les pertes publiques : c'est peu pour moi d'en être navrée : j'ai encore à essuyer toutes les tristesses de mes amis. De-là une migraine qui m'a mise au lit. Notre Princesse dîne avec moi, & me rend les soins d'une excellente fille pour une très-tendre mere. Me. de Chevreuse ne me sort pas de l'esprit : & j'éprouve qu'une grande amitié ne s'efface pas aisément ; mais je ne puis vous taire que Mad. de Chevreuse a fait ici un étrange voyage, & a fait au Roi une peine qu'il ne méritoit pas. Quand reviendrez-vous, Madame ? voulez-vous vivre de larmes ? Le Maréchal de Villeroi n'étant point en état de donner bataille, se retire : il sera blâmé : qu'importe ? pourvu qu'il ne mérite pas de l'être ? La Beaume vivra, dit-on. Le Roi est dans cette égalité d'esprit que vous admirez quelquefois. J'ai chargé la petite niece de répondre à tout ce qu'il y a de spirituel dans votre lettre : & je me suis réservé ce qu'il y a de plus sérieux. Si je pouvois voler, je quitterois le plus beau lieu du monde pour me rendre auprès de vous, & pour entendre vos instructions qui sans doute flatteroient mon amour-propre. Je l'ai dit cent fois, rien n'est plus sot que cette impatience. On s'accoutume assez à Me. de la Valliere. La malignité des courtisans veut rire de ce que M. d'Antin a été voir M. de Noirmoutier. Le Roi a donné le Gouvernement de Saumur au Comte d'Aubigné (de Tigni). Voilà sa fortune établie, c'est à lui à faire le reste. Je voulois vous entretenir plus long-temps : mais on me demande de tous côtés ce Gouvernement de Saumur.

LETTRE VI.

De l'aimable Cabinet, ce 11 Juin.

Votre présence me feroit bien du plaisir, mais ne me donneroit pas de joie. Nous ne pensons qu'à la Moselle.

& nous sommes dans une attente qui nous rend inaccessibles à toute autre pensée. Nous sommes de retour de Trianon, à peu près aussi hébétées que nous y étions allées. Nos Dames me paroissent toujours se haïr, & les hommes ne tarissent point en sots raisonnements sur les affaires présentes. Me. de Rohan a soupé à Trianon, sans y être conviée, au grand déplaisir du Roi, qui, comme vous savez, ne s'accoutume pas à tous les visages. Me. de Bouzole a brillé par sa grosseur réelle, & par sa grossesse imaginaire; mais sur-tout par ses parfums qui ont singuliérement blessé mon foible cerveau. La Duchesse de la Ferté a montré avec plus de complaisance que jamais deux calebasses plus noires que la cheminée. Comment de ces ridicules images passer à notre Princesse, elle que les graces font incessamment marcher sans dessein & sans plaisir, qui voudroit toujours tout ce qu'elles n'a point, & qui néglige tout ce qu'elle a ? Elle court sans cesse, & sans cesse se plaint de ne pas assez courir : elle est charmante, & ses défauts mêmes sont aimables : on l'aime plus qu'il ne faudroit : on le sent, & l'on ne peut s'en défendre. Adieu, Madame : j'espere que la main (de Me. la Duchesse de Bourgogne) qui veut bien tracer mes pensées, vous en fera excuser le désordre. Mon Dieu, que cette main m'est chere! ce n'est pourtant pas le plus bel endroit de notre Princesse, non plus que le vôtre; mais vous possédez l'une & l'autre tant de vertus, que l'on compte pour rien sa maigreur & ses veines. Ah! Madame, qu'il y a de joie dans le bien! Tout Versailles ne m'en donnera pas tant, que j'en ressens en établissant une pauvre Demoiselle, qui à ma mort eût été réduite à la mendicité.

LETTRE VII.

Ce 14 Juillet 1707.

QUe feriez-vous de mes lettres? elles ne peuvent ni vous instruire, ni vous amuser : elles ne feroient qu'augmenter vos inquiétudes. Les miennes sont grandes sur le bruit d'une descente en France, & j'en serois plus affligée, que de tout ce qui nous est arrivé jusqu'ici. Pourquoi êtes-vous en peine de Me. la Duchesse de Bourgogne? elle se conserve avec des soins surprenants.

Une des principales affaires, qui a mené Me. d'Hudicourt à Paris, c'est un dîné chez

chez Me. de Bourdeilles; & quel dîné! le potage étoit d'une servante; une tourte de pigeons, d'un pâtissier; le fruit, de la vallée de Montmorency; la vaisselle, d'emprunt; les convives, Me. de Miossens, Me. & Mlle. de Sivrac, Me. de Caylus & ses deux enfants; un vieux Gentilhomme ridicule. Me. d'Aubigné toute onctueuse; Mlle. de Mérode toute roide; Mlle. de la Barge toute endormie; Mlle. de Breuilhac y manqua, parce qu'elle se confessoit & faisoit son testament: une fluxion subite lui avoit élargi le visage si monstrueusement, qu'on la crut à l'agonie. Toute l'honorable compagnie, après avoir bien ri, bien dansé, alla voir la malade, qui étoit dans toute la négligence d'une agonisante surprise. N'avez-vous pas, Madame, quelque regret de n'avoir pas fait la quinzieme à cette table, où l'on n'étoit assis que de côté? J'admire & j'envie Me. d'Hudicourt. Revenez, Madame; vous êtes si bonne à tout, qu'on vous souhaite, en quel état qu'on soit. Si votre absence est plus longue, je la prendrai pour une retraite. Dieu veuille vous sanctifier de plus en plus! Je ne connois personne qui soit plus propre à sanctifier les autres. Abandonnons à Dieu les affaires de Provence: la soumission n'est pas une hypocrisie ; mais elle est foible comme notre foi : il faut augmenter l'une & l'autre.

LETTRE VIII.

Ce 1 Septembre 1707.

JE suis à la Ménagerie : que ces parties, Madame, sont différentes de celles que vous ranimez par votre présence ! Je n'ai pas encore bien démêlé, si c'est par l'agrément que vous y mettez, ou par le bruit que vous y faites. Notre Princesse reçut hier à St. Cyr, en habit de Religieuse, la Reine d'Angleterre qui la reconnut d'abord. Elle fit très-bien la Dame de St. Louis ; & la Reine & la Princesse se laisserent servir par elle la collation, car il y en eut une : & ce ne fut pas ce qui m'amusa le plus. Me. de Bourgogne, toute fatiguée d'avoir fait toutes les charges de la maison, alla trouver M. son mari qui lui préparoit ici le souper : elle revint à Versailles, épuisée, ayant changé quatre ou cinq fois d'habit : & toutes les Actrices de cette piece étoient aussi ennuyées, que cette narration est ennuyeuse. Il vaut mieux vous dire que notre Prince a une dent, & Madame sa nourrice trois cents pistoles. Vous m'avez écrit une merveilleuse lettre : je la lus tout haut : & l'on en fut charmé, depuis le Roi jusqu'à M. Fagon. Je trouve fort mauvais que votre Confesseur ne vous croye pas : n'est-ce pas révéler votre Confession ? Il est pourtant bien vrai que M. de Savoye s'en va, & même à pas si précipités, qu'il nous échappera : mais je suis si contente que tout le monde vive, pourvu qu'on ne vienne point en France nous arracher le cœur ! Les grandes affaires vont être en Espagne, où je crains fort l'étoile de M. le Duc d'Orléans. Adieu, Madame : le Roi ne peut se passer de vous : revenez, & croyez qu'il seroit plus heureux de ne vous avoir pas vue, que de cesser de vous voir.

LETTRE IX.

Ce 16 Mai 1708.

QUe j'éprouve sensiblement combien on se trompe, quand on se croit détaché de tout ! Je veux vous voir, & je suis de plus mauvaise compagnie que jamais. Tout le monde me paroît extravagant, & je suis insupportable à tout le monde. Ajoutez à cela cette bataille que l'on craint, & qu'on perd peut-être en ce moment. On ne me donna votre lettre que hier au soir : je ne comprends que trop votre état : j'ai vu de près votre cœur pour M. de Courcillon ; mais je vous conjure de ne point augmenter le mal par votre prévoyance. Nous sommes vivement blessés de ce qui ôte l'estime des hommes : & Dieu pardonne plus aisément les crimes que les vices. Ste. Monique se seroit épargné bien des larmes, si elle avoit pu entrevoir son fils, tel qu'il devint en un moment. J'écrivis hier à Me. de Caylus, que le Roi m'avoit dit : » Je n'ai pas encore apperçu M. de » Courcillon : cependant on ne vient guere » chez moi pour ne me pas voir. " Le soir, il me répéta la même chose, & m'interrogea beaucoup sur votre tristesse & sur ce qu'il entrevoit. Je ne tombai d'accord que d'un peu de légéreté. Il se récria sur le grand courage de M. votre fils, & dit : » Voudroit-il perdre une ré- » putation dont il peut jouir si agréable- » ment ? " Vous me demandez des conseils, Madame ; vous avez une famille assez entendue pour vous en donner de meilleurs que les miens : & vous pourriez même vous suffire ; mais s'il faut absolument que je dise mon mot, je commencerois par la douceur : croyez-vous que si la tendresse que M. de Courcillon vous doit n'a plus de pouvoir sur lui, il s'ouvre à d'autres sentiments d'espérance ou de crainte ? Si la douceur est inutile, dites tout au Roi, ou consentez qu'il l'apprenne. Je pleurerai de tout mon cœur avec vous : jusques-là, il faut se contraindre : car on me feroit des questions qui me forceroient à tout dire. Vous aurez les prieres que vous desirez : mais rien n'est plus agréable à Dieu, que celles d'une mere pour son fils. Nous verrons demain une grande Reine plus à plaindre que nous. Que M. de Courcillon seroit heureux, s'il joignoit une bonne conduite à ce courage si admiré !

LETTRE X.

JE sens vivement & tendrement ce que vous souffrez : je crains toujours que vous ne soyez bientôt plus mal que votre malade : on nous assure que son état est sans danger. Plaignez-moi, Madame, de ne pouvoir en cette occasion faire ce que je devrois & ce que je voudrois. Je devrois soulager mon amie ; je voudrois donner mes soins à ce malade. Rien ne m'occupe plus que l'envie de vous consoler ou de m'affliger avec vous. Je vous sais pourtant mauvais gré d'avoir parlé du dernier argent que je vous ai envoyé : il me parut hier qu'on vouloit m'en dire quelque chose ; & sans faire la modeste, je sentis une grande confusion : est-ce à moi à donner à de telles gens ? Rien ne seroit si bon pour nous dissiper, que de chercher & de soulager des malheureux : mais bien des choses nous contraignent. Notre Princesse me retient : je n'ose la perdre de vue dans l'état où elle est. Il est de mon respect de faire nommer mon nom à Madame : elle recevra des compliments de bien des gens moins aises que moi de la gloire que Monseigneur le Duc d'Orléans s'est acquise, & de la savoir hors des inquiétudes où elle étoit pour sa vie. Mes compliments à ce très-brave homme.

LETTRE XI.

De Madame de Dangeau.

1709.

JE me suis trouvée sensible à quelque chose quand j'ai appris la grace faite à Mad. de Villefort. Je vous en remercie, Madame, & vous en fais mon compliment : c'est un digne choix, & il n'y a peut-être pas une femme au monde plus sage qu'elle : le Roi est trop heureux d'avoir une sujette si sûre. Mon fils est toujours très-bien ; & les Chirurgiens disent qu'il n'y a peut-être pas un corps au monde plus sain que celui-là : quel état, & quelle plaie ! Que je serois malheureuse, si je n'étois Chrétienne ! qu'est-ce que Dieu veut encore de moi ? Je me soumets. Mon fils a fait son devoir ; & si sa fortune est bornée, la cause en est si glorieuse, que sa jambe de bois lui fera plus d'honneur que le bâton de Maréchal de France. Me. de Villefort oublie tout pour ne songer qu'à moi. A présent que je commence à sentir autre chose que la vive douleur que j'ai eue, permettez-moi donc de vous dire moi-même combien je suis charmée de tout ce que vous avez dit & écrit : mon malade a voulu tout voir, & en a été charmé, hors du jeûne de six mois qui l'a effrayé : mais il est tout docile & fait ce qu'on veut. Si je puis maintenir les résolutions qu'il a formées dans ses maux, je n'aurai point de regret à sa malheureuse cuisse, puisqu'elle lui aura été coupée pour Dieu comme pour le Roi. Il m'eſt bien conſolant que ce ſoit pour mon Prince, que mon fils ſe ſoit expoſé ! car nul autre ne vaut ce que M. de Courcillon a perdu. J'ai ſenti en cette occaſion combien je lui étois attachée tendrement ; il doit être bien ſenſible à la bravoure, & au grand courage de ſa nation : qu'il goûte au moins ce plaiſir ! Je ne ſaurois m'empêcher de le regarder, comme une amie que j'aime vivement, & pour qui je m'intéreſſe plus que pour toute ma famille. Permettez-moi cet épanchement avec vous, Madame, qui êtes capable de ſentir la tendreſſe qu'on a pour lui. M. le Maréchal de Villars n'eſt pas bien. On n'entend parler ici que de morts & de bleſſures affreuſes : c'eſt un vrai Purgatoire ; & quand on n'auroit pas le cœur ſerré pour ſoi, on l'auroit pour toutes les ſouffrances dont on eſt témoin : pour moi, qui ai le cœur compatiſſant, je me meurs vingt fois le jour : & c'eſt bien ici où l'on peut faire de bonnes œuvres : mais je n'en ai pas encore eu le temps. Mon malade veut à toute force vous écrire dans ma lettre : je n'oſe le contrarier dans l'état où il eſt.

De Mr. de Courcillon.

Bon pour Madame, de n'oſer & de ſe

plaindre. Envoyez-moi des abricots d'Auvergne : c'est tout ce que je puis espérer de mieux, n'ayant pas la consolation d'être auprès de vous, Madame, comme à mon opération, où vous versâtes des larmes que je n'oublierai jamais. Je garde encore mon autre cuisse pour le service du Roi ; & je la lui sacrifierai du meilleur de mon cœur. Entier ou mutilé, je suis également à lui, & à vous, Madame.

LETTRE XII.

De Madame de Maintenon.

Ce 22 *Novembre* 1709.

JE viens d'écrire quinze lettres : il m'en reste autant pour demain : je voudrois m'égayer un peu : mais comment trouver un carrosse un peu honnête, & choisir une compagnie sans fâcher personne, & sans se fâcher soi-même ? On dit que Me. d'O. a eu dix-huit foiblesses en une nuit : elle devroit profiter de cette occasion pour nous apporter ce déshabillé si magnifique. Vous m'avez fait un grand bien en me refusant à M. de Craon : je vous enverrai une lettre pour Me. la Duchesse de Lorraine : vingt siecles de vie ne me suffiroient pas pour répondre aux tendresses des Grands.

Vous savez, Madame, mon sincere attachement pour tout ce qui s'appelle Noailles : vous savez mon respect pour la Maison de Lorraine. Jugez de ma peine à la vue de toutes les scenes dont nous sommes témoins. Vous savez comme on grêle ici sur les personnes dont on croit n'avoir que faire. Me. la Duchesse de Mantoue ne peut soutenir son rang de Souveraine : elle ne peut y renoncer : il faut donc y être *incognito*, & ne pas se commettre tous les jours. Voilà une affaire avec Me. la grande Duchesse, une avec Me. de Montbazon, une autre avec Me. d'Egmont. Donnez, Madame, des conseils dignes de votre sagesse : le pire est de se commettre, parce qu'on s'avilit toujours.

LETTRE XIII.

Ce 23 Octobre 1709.

ME. de Caylus a toujours les larmes aux yeux, & sur vous, & sur moi, & sur les affaires générales, & sur les malheurs de ses amis, & sur sa vacillante santé. Mad. Voisin convient que les places ne sont pas si bonnes à remplir qu'à desirer. Notre Princesse vient ensuite, & m'apporte de sa chambre un reste d'ennui, qui, joint à ses sérieux déplaisirs, ne la rend pas d'un commerce aimable. Elle est seule à Versailles : souvent elle n'a pas un joueur : elle est peu suivie de ces Dames : la plupart sont ou grosses, ou en couches, ou dans les remedes. Me. d'O est invisible, à force de vapeurs. On fait en ce moment une terrible opération à Me. de St. Geran, & elle peut en mourir sur l'heure : Maréchal en est fort inquiet : elle s'est préparée à la mort. Je suis fort en peine du Maréchal de Villars; je vois Maubeuge assiégé, & par conséquent pris. Il n'est plus question de paix. Mais pourquoi, Madame, faut-il que je vous afflige par une telle lettre, moi qui vous desire tous les jours dans l'espérance de me consoler avec vous, & de vous rendre une partie de ce que je vous dois depuis si long-temps? Revenez ici : nous nous affligerons ensemble : rien n'est pis que d'être séparées. Notre Princesse versa hier bien des larmes avec moi : elle se tourne à me faire mourir : rien n'égale l'amitié qu'elle me témoigne, & celle qu'elle mérite. C'eſt une croix qu'il faut porter, & que vous adouciſſez, Madame, comme toutes les autres, par votre aimable commerce.

LETTRE XIV.

JE vais à St. Cyr. On (le Prince Ragotzki) me verra ſi l'on veut : on ne me verra point ſi l'on ne veut pas. Si l'on me voit, je me mettrai ſur mon lit, & vous direz que je ne marche plus : ſi je ne parle pas, vous direz que je n'entends point : ſi je parle, vous direz que je radote.

Je vous aſſure que je ne ſavois point la nomination des deux Ambaſſadeurs : je ſuis ravie de l'un & de l'autre : on veut que tout ſe faſſe par moi, & cela n'eſt point.

J'ai parlé au Roi de Mr. du Charmel. Il m'a répondu : » Je m'informe de temps » en temps de ſa conduite, & j'apprends » qu'elle eſt très-bonne ". Vous voyez qu'on n'a pas d'aigreur contre lui. Cependant je n'oſe lui écrire. Je vous conjure de l'aſſurer que je prends part à ſa peine, & que je l'honore, & comme malheureux & comme innocent. Entre nous,

Madame, on peut dire qu'en matiere de doctrine, on a grêlé fur le perfil : il y avoit des gens plus dangereux à éloigner : l'on n'eſt pas tombé ſur les plus coupables, mais ſur les plus connus ou les plus enviés.

Aurons-nous Me. la Ducheſſe de Guiche? il me ſemble qu'elle eſt auſſi délicate que blonde : vive la blonde éclatante comme un lis, & pas plus difficile qu'un crocheteur! Ne nous manquez pas au moins : vous répandez ſur tous nos plaiſirs un agrément auquel nous ſommes trop accoutumés pour vous pardonner une abſence volontaire.

Je quitterois volontiers cette Cour, où il y a un Electeur de plus. Je ſuis charmée de la lettre de Mr. votre fils : il a fait ce qu'il a dû faire dans la conjoncture préſente. Il n'y a plus qu'à prier quelque ami de l'empêcher de monter à cheval, à moins que ce ne ſoit pour défendre la perſonne même du Roi.

LETTRE XV.

J'Aime fort, Madame, ce que vous appellez indiſcrétion : ne ceſſez de m'importuner ainſi. Il y a long-temps qu'on ne m'avoit dit, ni écrit que l'on m'aime de tout son cœur. On me respecte trop pour m'aimer, & votre grossiéreté me fait goûter un plaisir sur lequel j'étois un peu gâtée autrefois, mais dont je ne tâte plus, je ne sais trop bien pourquoi : car enfin, je ne suis point changée, & je trouve que tout ce qui est autour de moi l'est fort. Laissez, Madame, aux adorateurs de ce rien, qu'on nomme faveur & crédit, ce respect, souvent si peu sincere, si peu aimable, & si offensant pour moi, & ayez toujours la grossiéreté de m'aimer. Je vous défie de douter de l'estime & de l'inclination que j'ai pour vous : il est vrai qu'il est fort difficile de n'en pas avoir ; mais voyez s'il n'y auroit pas de la grossiéreté à me laisser dans la foule.

Nous fûmes tous bien ridicules à Marly : les larmes furent générales. Ne hasardez pas votre estomac comme notre Princesse : Mrs. de Leuwestein pouvoient être sobres ; mais certainement les Furtemberg ne l'étoient pas. Je ne crois pas qu'il y ait de bonnes nouvelles de Mr. le Cardinal : son affaire m'a tout l'air de finir d'une maniere violente. Si j'en avois une comme celle de Me. la Comtesse de Brancas, je la consulterois à un homme de guerre, & point à une femme : j'ai fort petite opinion de mon sexe sur l'élévation des sentiments : du reste, je desirerois plus que personne que Me. de Brancas fût plus heureuse qu'elle ne l'est.

Je ne crois pas fort solide cette dévotion de demander trois graces à Dieu, & de croire qu'il en accordera une ; mais la priere & l'aumône sont bonnes partout. Notre Princesse est bien agitée : on l'excite trop sur ses devoirs à l'égard de Mr. le Duc de Bourgogne. Hier elle fut en oraison pour lui : aujourd'hui elle jeûne. Bon soir, Madame, que vous êtes heureuse de contrefaire le Roi sur sa chaise percée ! *J'en connois de plus misérables.* Je vous envoye soixante louis pour votre adoptée : si elle dînoit quelquefois avec nous, peut être en seroit-elle plus considérée de notre Cour ; mais qu'elle ne me remercie point : car, sans étaler de beaux sentiments, je lui dois plus de recevoir de moi, qu'elle ne me doit de ce que je lui donne.

LETTRE XVI.

De Me. de Dangeau.

MR. de Dangeau s'eſt fait un grand plaiſir de m'apprendre que le Roi veut bien prendre la vaiſſelle des Courtiſans qui lui ſont dévoués & qui tiennent tout de lui. Nous qui voudrions lui donner la derniere goutte de notre vieux ſang pour ſon ſervice, nous nous trouverons trop heureux qu'il veuille prendre notre vaiſſelle. Ayez la bonté, Madame, de lui dire, qu'après le plaiſir de la lui offrir, nous n'en aurons pas de plus grand, que celui de ſavoir qu'il l'a acceptée. M. de Dangeau en attend la réponſe avec impatience, & mon fils auſſi, qui dit qu'au ſortir d'un bal, il ſera ſur votre eſcalier, avec une petite bougie ſous le menton, comme Me. Lord, & qu'il aime encore mieux vous voir à la lueur d'une bougie, que point du tout. En quelque état qu'on ſoit, rien n'eſt plus délicieux; & vous voir eſt mon remede à tous mes maux. Adieu, Madame, juſqu'à demain, ſi je ne gêle pas en attendant.

LETTRE XVII.

De Madame de Maintenon.

Ce 28 Avril.

JE ne sais, Madame, si l'on vous rend compte de nos journées. On s'adonne, dans la ruelle de Me. la Duchesse de Bourgogne, à faire de l'esprit. On y a des conversations dont elle est très-contente : on y parle de Logique, de Rhétorique, de Physique, & l'on y approfondit tout ce dont il seroit à souhaiter que nous ne sussions pas même le nom : la Princesse apprenoit hier à faire des arguments. On projetté une Académie de femmes : elle sera de quarante : il y en a déja vingt sur la liste : oserai-je vous le dire ? vous n'en êtes point ; je n'en suis pas : mais deux de mes nieces y sont pour moi, & des premieres.

J'ai lu votre lettre au Roi, qui l'a entendue au premier mot : il connoît le zele de Mr. de Dangeau, & il compte aussi sur le vôtre ; il est vrai qu'il acceptera la vaisselle de ceux qui la donneront de plein gré ; mais il faut mettre tout cela en regle ; ce qui n'est pas encore.

Donnez à Mme. de Br..... les trente louis que vous avez à moi : je voudrois adoucir son état, & j'admire ce que vous faites, & la maniere dont vous le faites. Il est cruel de vous savoir si près de nous sans pouvoir en jouir ! c'est être véritablement *tantalisée*. Je ne vois nul inconvénient d'amener Me. de Courcillon ; vous n'avez plus rien à ménager, & l'on commence à s'y faire. Amusez-vous, Madame, avec la santé d'une Déesse comme vous en avez la figure : Flore est très-enjouée, & Zéphyre ne l'est pas tant.

LETTRE XVIII.

De Mad. de Dangeau.

J'Ai été si fort déconcertée, quand j'ai vu que vous m'abandonniez seule dans votre petite chambre, que je ne savois plus ce que je disois ; quoique je ne sois plus un enfant, j'ai besoin d'être tenue par la lisiere ; j'ai trouvé mon affaire toute bouleversée dans ma tête : j'ai dit mille choses, & pas une seule de celles que je devois dire. C'est donc un miracle si le Roi m'a comprise, & je ne dois qu'à ses bontés la protection qu'il accorde à Mr. de Dangeau dans un très-bon droit. Je vous avoue, Madame, que toutes les vôtres m'ont pénétrée. Je rapporterai de Paris un mémoire qui ne bégayera pas comme moi : je le donnerai au Roi. Jamais ma langue ne me vaudra rien : & malheureusement en ce temps-ci, on ne juge du cœur que par elle, & j'y perds plus que personne; car comment exprimer tout ce que je sens de tendre pour vous & de reconnoissant pour d'autres ?

Aujourd'hui se passera-t-il comme hier ? serai je encore le mouton, & vous la tigresse? Si vous vous plaignez, dans votre solitude, des importuns, pour adoucir ce cœur de roche, je vous envoye un peu d'or pour distribuer à vos pauvres : c'est trop de biens à la fois ; si je puis espérer que cette distribution fasse votre récréation, quand je ne fais qu'une bonne œuvre. S'il y a quelque nudité à couvrir, je m'y offre ; & puisque vous ne voulez pas que je les voye, envoyez-m'en la dépense.

Je ne sais ce que c'est que la galanterie de la petite niece ; mais je suis bien persuadée qu'elle fait la joie de sa journée, si elle a occupé la matinée pour qui elle veut occuper sa vie. Quelle douceur

ne sens-je point dans ce commerce, qui cependant m'a gâté ce goût grossier que je ne sens plus, & que je donne aussi aux autres! Votre table & votre commerce ont fait sur moi le même effet : que n'ai-je assez d'esprit pour retenir tant de belles choses, & un estomac assez fort pour ne point crever de tant de bonnes ?.....
Le Roi me croit nécessaire, dites-vous : toutes mes forces sont revenues : on me permet d'être bien emmitouflée : je serai avec vous : que me faut-il de plus ? en vous voyant, Madame, je me fortifie des quatre vertus cardinales. Je quitterois plutôt mon fils que vous.

LETTRE XIX.

De Me. de Maintenon.

Ce 10 Novembre 1715.

JE ne vous verrai pas avec joie ; mais malgré ce qu'il pourra m'en coûter, je meurs d'envie de vous embrasser : & je puis vous dire avec vérité, que je ne vous ai jamais tant aimée. Le commerce de Mlle. de Courcillon est ce qui vous convient le plus dans l'état où vous êtes :

elle ne vous détournera point de Dieu, & l'application à Dieu a besoin d'un divertissement aussi innocent. Puissiez-vous voir Mr. de Dangeau aussi pieux, que vous êtes dévote ! Je regretterois Paris, si je pouvois vous y être utile ou agréable un moment; mais vous voir, seroit un mauvais moyen de se détacher du monde : & c'est au détachement que Dieu conduit ceux qu'il veut sauver. Je lisois, il y a quelques jours, dans un écrit de M. de Meaux, qu'il ne faut pas avoir le moindre chevet, c'est ainsi qu'il appelle le moindre appui; & c'en seroit un grand, Madame, que celui de vivre avec vous. Vous n'êtes point paresseuse, & il ne faut pas l'être pour la grande affaire qui vous reste. J'aime encore tout ce que vous appellez l'ancienne Cour : j'y comprends Me. d'Elbeuf & Me. de Pompadour. Je ne suis pas si détachée du bien public que du bien particulier : & la rareté de l'argent m'afflige, comme si j'en manquois. Avez-vous des vapeurs ? vous savez que je ne les souffre point aux personnes raisonnables.

LETTRE XX.

De Mad. de Dangeau.

Ce 19 *Novembre* 1715.

VOus croyez bien, Madame, qu'aussi-tôt que j'ai vu ce charmant caractere, j'allai vous en faire voir un très-vilain, pour vous dire le plaisir que j'ai eu de recevoir une lettre, que j'ai relue bien souvent pour voir ces mots si précieux : *Je puis vous dire avec vérité, que je ne vous ai jamais tant aimée.*

Je vois une conformité de pensée en vous & en moi, qui m'a si fort grossi le cœur, que je pourrai fort bien attribuer à ce moment-là une fluxion terrible. Je n'ai pas seulement le visage enflé, mais la gorge & la poitrine, avec une très-grande douleur, plus forte la nuit que le jour, & une grande inquiétude de ce que cette fluxion retarde encore ce voyage, si desiré de ma part, si différé de la vôtre.

Je vous ai bien plainte, Madame, d'avoir eu à essuyer les derniers souvenirs du monde, puisque vous n'en avez jamais goûté les distinctions importunes ! Au moins jouissez de son oubli. Je puis vous assurer que si vous y étiez sensible, votre amour-propre seroit satisfait des éloges que l'on vous donne : c'est beaucoup, quand on rend justice à la vertu ; & c'est au-delà de ce qu'on peut exiger, que de révérer la vertu malheureuse : & c'est ce qu'on fait ; mais tout est amorti en vous, Madame, & vous laissez jouir vos amies de la gloire d'avoir été unies avec vous, sans participer à leur plaisir par les complaisances de l'amour-propre. La pauvre Me. de Pompadour a assisté Me. de la Neuville à la mort. Mr. de Dangeau a peine à s'accoutumer à la vie de Paris, & ne peut se résoudre à le quitter. Nos amis ne nous abandonnent point : tous les jours je vois Me. de Caylus, & tous les jours je l'aime davantage. J'ai soixante louis à vous, Madame, & dix que j'y ai joints, pour les pauvres d'Avon, que je crois que vous ne voulez pas abandonner. Je ne sais pas encore notre destinée pour les pensions. Ma vaisselle ne m'a pas été rendue, & je ne crois pas que je tâche de la ravoir. Je suis rassasiée de Princes & de Princesses : je ne verrai que Madame, & encore aux Carmélites. Je vous rends compte, Madame, de ce que je ferai, sans oser dire ce que je fais. Ma famille se tient assez unie avec nous, & il me paroît que dans nos infortunes, il ne se trouve que cette douceur : pour moi, Madame, je sens celle de vous parler, & de vous entretenir, puisque Dieu m'a ôté tout le reste. Je vais songer à mon salut : rien ne m'en dissipera : soutenez-moi par vos conseils ; car pour votre exemple, il est au-dessus de mes forces. J'ai un petit cabinet dans une petite maison, où je goûte la solitude, & sacrifie à Dieu, avec beaucoup de larmes, ce que j'ai quitté : on m'assure que Dieu veut bien les recevoir, & que la sensibilité ne diminue point le sacrifice.

LETTRE XXI.

LA petite niece est à présent dans une situation où j'étois l'année passée sur mon fils : elle voit ce que c'est que d'avoir des enfants, qui ne songent qu'à se divertir ! Il est vrai que la gravité de l'aînée la console ; mais j'en appréhende la singularité. Mon Dieu, que de peines dans la vie ! il me semble que tout le monde est malheureux, & qu'il n'y a que du plus au moins. Me. de Cavoye a été une hé-
roïne

roïne dans son malheur : elle n'a point dormi : elle a parlé avec fermeté : elle a exhorté son mari, sans verser une larme : elle lui disoit dans les derniers moments une chose qui m'a tout-à-fait plu : elle lui disoit : » Je n'ai jamais songé qu'à » vous rendre heureux, & enfin vous al- » lez l'être : nos vœux sont donc rem- » plis : je ne voudrois pas même deman- » der à Dieu, que vous revinssiez à la » vie, puisque cette vie retarderoit vo- » tre bonheur ". Elle reste avec quatre-vingts mille livres de rente. Son projet est de faire une dépense médiocre, & de donner tout aux pauvres : elle vend son hôtel, & se mettra dans une maison qui tient à un Couvent. Mr. de Parabere se meurt de la petite-vérole : il n'a point voulu que sa femme s'enfermât avec lui. Me. la Duchesse d'Elbeuf me dit tous les jours de vous faire des compliments. J'ai vu Me. la Princesse de Conti : je ne suis point contente de cette visite.

De Mr. de Dangeau.

Oseroit-on, Madame, vous remercier d'un souvenir qui m'honore tant, & qui seroit capable de me donner de la joie, si je ne devois rentrer dans mon cœur?

Me. de Dangeau me fermoit la bouche : elle craignoit la vivacité de mes sentiments : je n'en changerai jamais, ni pour ce que nous avons perdu, ni pour ce qui nous reste.

De Me. de Dangeau.

Je vous demande pardon, Madame, je ne puis empêcher ce trait trop tendre, que Mr. de Dangeau écrit malgré moi.

LETTRE XXII.

De Mad. de Maintenon.

C'Est pour vous, Madame, que je desire de vos nouvelles ; car les lettres que je reçois ne sont pas réjouissantes : il n'y a personne qui soit content : l'état est si violent, qu'il faut espérer qu'il ne durera pas. Ce que vous me mandez de Me. de Cavoye est admirable, & son projet très-raisonnable : il me semble qu'elle connoît Mad. de Barneval, & qu'elle lui a déja fait du bien : ce seroit une connoissance bien avantageuse pour cette pauvre femme, qui me paroît présentement bien délaissée. Je compte, Madame, il y a long-temps, sur les bontés de Me. la Duchesse d'Elbeuf, je suis perdue pour mes amis, & d'une maniere plus triste que sa mort qui finit tout à la fois : il faut s'accommoder à la volonté de Dieu : la Duchesse de Noailles m'a toujours paru sensible aux marques de votre amitié, & en connoître le prix : continuez, Madame, je vous en supplie ; car rien ne peut lui faire plus d'honneur, que son commerce avec vous. Je comprends comment votre visite avec Me. la Princesse de Conti se sera passée : je suis toute attendrie pour elle, quand je pense qu'elle fut malade après notre malheur. Si on osoit dire qu'une grande Princesse fait pitié, je le dirois de Madame : je suis assurée qu'elle souffre, & qu'elle a de la peine à se consoler du Roi, quoiqu'elle n'ait pas toujours vécu bien avec lui ; mais tel étoit son ascendant sur les cœurs, que ses bontés suffisoient au bonheur des personnes avec lesquelles il daignoit s'abaisser. Je ne sais plus où j'en suis : je suis obsédée de mes amis, & je n'en ai jamais tant eu, que depuis que je leur suis inutile. Je remercie Mr. de Dangeau de son signe de vie : pour vous, Madame, on ne peut trop vous estimer ; mais je vous ai trop goûté pour mon repos.

E ij

LETTRE XXIII.

De Mad.^e de Dangeau.

A St. ..... Vendredi 1716.

SI je crois ma petite-fille dévote, je lui crois encore un bon cœur : ce Chapelet qui lui a été donné de votre part a renouvellé toute sa tendresse pour vous, & votre portrait, le desir d'aller à St. Cyr. Elle m'a assuré qu'elle n'étoit pas Janséniste, & je crois qu'elle n'a nul penchant à le devenir. Personne n'est content ; & comment le seroit-on ? personne n'a d'argent. Les choses que l'on dit aujourd'hui sont changées le lendemain : on ne sait jamais que des faussetés, ou des vérités plus affligeantes encore que le mensonge. Mr. de Villeroi me fait grande pitié : il veut se justifier, & le monde le veut condamner : dans le fond il a raison, & dans le procédé il a tort, & sa visite ne vous réjouira point. Si vous daignez suivre les jours & les dates de nos malheurs, il n'y en aura point où vous n'ayez un sacrifice à faire ; mais en sacrifiant, il ne faut pas se donner les maux de tête : il faut sacrifier les larmes avec la douleur. Mr. de Parabere est mort en très-bon Chrétien. L'on vient de me dire que Me. de Tallard est accouchée d'un garçon ; voilà une grande joie pour le Maréchal. Mr. de Dangeau m'impute le mot de signe de vie qu'il a vu dans votre lettre. Il me reproche de ne vous avoir pas parlé aussi souvent de lui qu'il m'en avoit chargée : j'ai toujours évité de vous nommer son nom, depuis la triste entrevue où j'observai que sa présence vous attendrissoit : & plût à Dieu que je pusse vous ôter toute idée du passé !

Le Vendredi, je vous écris, c'est donc le plus beau jour de la semaine : Vendredi, je vous verrai, c'est donc le plus beau jour de ma vie. Je suis faite pour n'avoir que des demi-bonheurs : la pauvre Madame de Barneval, que je croyois avoir sauvée, est plus mal que jamais : elle sera très-heureuse, si elle meurt : car cette maladie consomme l'argent de toute une année ; je l'ai vue ce matin : à peine peut-elle dire une parole. Nous avons à St. Sulpice, le soir une prière qui me charme : elle est simple, courte, & faite pour le peuple : vous savez combien je le suis. J'aime fort aussi la simplicité dans les sermons : elle les met à ma portée,

& c'est une grande puérilité de goûter le brillant qui refroidit, au lieu du solide qui échauffe. L'affaire de M. de Louvois est arrêtée : & celui-ci, selon les apparences, ne fera ni autant de bruit ni autant de peur, que le grand-pere, qui a attaché à ce nom quelque chose de terrible : le mariage ne se fera qu'après la signature & l'enregistrement de tous les Brevets : Me. de Courtenvaux dit qu'elle n'en veut pas être la dupe : elle n'a voulu rien assurer de son bien. Voilà notre petit favori (Mr. le Duc de Richelieu) encore à la Bastille : pour cette fois, c'est avec honneur.

LETTRE XXIV.

De Mad. de Maintenon.

Ce 30 Février 1716.

IL n'y a de bon dans votre lettre, Madame, que ce qui regarde la *Belle-Petite*. Dieu veuille qu'elle vous soit toujours une consolation, ou du moins un amusement ! Tout ce que vous me dites d'ailleurs n'est que tristesse. Je suis bien touchée de l'état de Mr. le Maréchal de

Villeroi, & j'ai de la peine à comprendre qu'il soit sans remède : Me. de Ventadour, malgré, ou, pour mieux dire, à cause de sa grande place, me fait pitié. Je trouve Mr. de Parabere plus heureux que sa femme : il ne seroit pas mort, s'il avoit eu Mr. Besse : rien n'est plus extraordinaire que ce qu'il nous fait voir ici : il donne l'émétique à toutes nos filles ; il saigne, ou donne des lavements, des émulsions aux unes, du vin aux autres, du linge blanc à toutes : enfin, c'est tout le contraire de ce qu'on fait ordinairement à la petite-vérole : & pas une n'en meurt, ni n'est marquée. Il y a donc eu un homme content pour un moment, puisque Mr. le Maréchal de Tallard a un petit-fils ! Mr. de Dangeau a raison de vous gronder, Madame, de ne me parler jamais de lui : j'en étois tout de bon blessée. Ne croyez pas, Madame, que la retraite ni la séparation entiere du monde mettent en repos : on ne voudroit pas être ailleurs ; on est bien-aise de ne plus voir ce monde si méprisable & si odieux ; mais il y a dans ce monde des personnes qu'on aime, qu'on estime, auxquelles on s'intéresse : les plus grandes afflictions n'ôtent pas la sensibilité : je n'ai jamais été si tendre pour mes amis

& pour les malheureux ! & voilà ma pénitence. Que ne peut-on vivre du présent sans se jetter dans l'avenir ? il est vrai que j'en parle bien à mon aise, étant si près de ma fin. Je vous trouve plus à plaindre que moi, quand je pense que sans miracle vous pouvez vivre encore trente ou quarante ans.

Il est vrai, Madame, que la pauvre Mme. de Barneval sera à plaindre, si elle revient au monde : car les secours qu'elle avoit reçus ne peuvent pas recommencer : votre charité a été grande dans sa maladie, mais elle ne m'a point surprise. Il y a long-temps que j'ai oui parler de cette priere de St. Sulpice comme très-dévote : cette paroisse-là est admirable : vous êtes bien heureuse, Madame, d'aimer ce qui est simple : ce goût-là est le plus sûr & le meilleur. Beaucoup de reconnoissance pour le nom de Richelieu, & un reste d'inclination pour celui qui le porte, m'ont fait lire avec le plaisir que la derniere aventure est honorable ; mais tout le monde n'en convient pas. Que Mr. le Maréchal de Villeroi est heureux de trouver une société comme la vôtre ! prendre soin de lui est une bonne œuvre.

Dieu veuille que l'indignation n'augmente pas encore ! c'est un terme très-convenable à notre état présent : & je trouve cette disposition-là encore plus fâcheuse que la tristesse qui peut être accompagnée de douceur : vous n'étiez point faite pour vivre dans l'amertume, & il me semble qu'il n'y en a aucune dans la composition de votre être ; je suis ravie des consolations que Me. de Courcillon vous donne, & que vous puissiez vous livrer à l'inclination que vous avez pour elle ; mais je vous prie de ne vous point impatienter contre M. de Dangeau : car il est impossible que Dieu n'aime point la droiture de son cœur : tout le monde ne marche pas par le même chemin. Il n'y a plus rien à m'épargner sur les peines : & M. l'Abbé de St. Pierre me choque moins, que l'ingratitude de la plus grande partie des courtisans : l'Académie a mieux (1) fait en cette occasion que je ne l'aurois prévu ; car on m'a toujours reproché que je ne la regardois point comme un

––––––––––

(1) L'Abbé de St. Pierre écrivit sa *Polisynodie*, ou *Traité de la pluralité des Conseils* ; satyre de l'administration de Louis XIV, qui, en quelques endroits, étoit nommé durement. Le Cardinal de Polignac lui en fit un crime ; & l'Académie sacrifia à son respect pour son Protecteur le plus respectable de ses Membres.

E v

Corps férieux. Que ne donnerois-je pas, Madame, pour vous suivre chez la vieille femme ? je me croirois encore à Avon. Vos lettres, Madame, ne peuvent que faire du bien à ma tête, & il me semble même que la derniere n'est point écrite avec du charbon. Adieu, la plus aimable de toutes les femmes, & plus estimable que la plupart des hommes.

LETTRE XXV.

De Mad. de Dangeau.

JE vais tâcher d'obtenir de la petite niece, qu'elle me laisse aller seule à St. Cyr : si elle y consent avec peine, je lui en ferai le sacrifice avec plaisir : elle en sauroit mieux qu'un autre la valeur. Quel beau Sermon je viens d'entendre à St. Sulpice ! c'est un Jésuite qui a prêché à Versailles, nommé le P. Canapuel : Mr. & Me. de Torcy le suivent comme un Apôtre. Mr. de Chiverny est nommé Gouverneur de Mr. le Duc de Chartres : pour moi je suis toujours surprise que l'on veuille aujourd'hui être quelque chose. Quelqu'un disoit l'autre jour, qu'il sembloit que depuis la mort du Roi, on avoit soufflé aux oreilles de tout le monde : *Le grand Pan est mort :* en effet, jamais on n'a vû un découragement pareil. Dieu m'a fait une grande grace de m'avoir donné le goût de la retraite. Je suis obligée de vous dire, Madame, que tout Paris est touché d'Athalie, & qu'on en sort très-édifié : cette piece donne lieu à quelques-uns de réfléchir, à d'autres de parler de Dieu en bons termes : si vos Dames le savoient, elles seroient peut-être moins choquées de ce que les Acteurs font une profanation de ce spectacle édifiant. Me. de Ventadour a eu une bonne inspiration, à ce que m'a dit Me. de Villefort, qui ne coûtera qu'au petit Roi, & dédommagera un peu cette pauvre femme. C'est vraiment vous, Madame, qui l'avez assistée essentiellement : mais il me paroît que les bonnes œuvres sont votre nourriture. Me. de Mailly a perdu son fils unique. Je viens de voir la nouvelle Me. de Louvois : elle est un peu moins laide que Me. de Châteaurenaud : on m'amene les mariés ; je ne suis pas si sotte de les aller chercher. Mad. de Berry fait grand fracas à Paris avec ses gardes : elle étend prodigieusement les prérogatives qui lui sont dûes, & celles qu'elle a usurpées ; mais il est vrai que tout le monde est sur ce ton, & qu'on croit qu'en s'oubliant on se fait oublier. Il n'est pas jusqu'à Mr. de Metz, qui ne veuille avoir un carreau devant le Roi, comme les Cardinaux, à cause de sa Duché. Ce qui m'irrite le plus, c'est que les prétentions de tous ceux qui veulent entrer dans le carrosse de ce pauvre enfant, font qu'il ne peut plus aller en carrosse. Il y a tant de chambres! Il y en devroit avoir une pour décider de toutes les prétentions, puisque le Régent ne le veut, ou ne le peut pas. Mlle. de Levis ne loge plus à l'Hôtel de Luynes : elle a une très-jolie maison. Je doute que les dix mille francs destinés pour les Conseillers puissent suffire à la dépense où leur état les engage : ils n'en ont encore rien touché. Vous ai-je dit, Madame, que j'ai quitté mon Confesseur Carme, par la grande difficulté que j'avois de l'avoir depuis que je suis ici? J'ai barguigné; mais enfin, je me suis déterminée, & je vais à Mr. d'Entrecol, Vicaire de St. Sulpice : ne le connoîtriez vous pas? J'en suis très-contente. Le Maréchal de Villeroi soupa hier ici : il me paroît plus tranquille.

J'ai oui dire que Me. de Ventadour prenoit aussi son parti. Le Maréchal de Villeroi me décrasse quand je le vois :

mais c'est si rarement, que je n'aime pas à être décrassée par lui. Mr. de Dangeau, pour ne point blâmer, se sauve par l'espérance que tout changera, tolere le présent, s'efforce d'oublier le passé, & se saisit du bon. Voilà une bien longue lettre ; mais je vous avoue, Madame, que je coupe dans le vif, quand je me veux arrêter.

LETTRE XXVI.

De Mad. de Maintenon.

OUi certainement, Madame, Dieu vous a fait une grande grace en vous donnant le goût de la solitude : car vous êtes très-propre au monde, c'est-à-dire au monde que j'ai connu. Ce n'est pas la seule que vous avez reçue de lui, & je ne connois personne qui lui doive tant de reconnoissance. Dieu veuille que les représentations d'Athalie fassent quelques conversions ! c'est la plus belle piece qu'on ait vue : on y revient, & je l'avois prédit. J'ai toujours ouï dire du bien de Mr. de Chiverny, & c'en est un de le mettre auprès d'une jeune Prince. La chambre de justice me transit, comme si j'avois été dans les Finances : elle va fournir bien des nouvelles véritables & fausses. Je suis ravie, Madame, de vous voir attachée à St. Sulpice. J'ai une grande estime pour Mr. d'Entrecol que je n'ai jamais vu ; mais j'en ai souvent entendu parler à des gens auxquels je me fois plus qu'à moi-même. Mr. de St. Sulpice m'avoit parlé du Prédicateur que vous avez entendu : que vous êtes heureuse de goûter ce qui est bon, de quel côté qu'il vous vienne, & de ne vous prévenir, ni pour ni contre ceux qui annoncent l'Evangile ! Tout ce qui me revient de Paris m'étouffe : je ne pourrois en soutenir le séjour. Vous ne me dites point si cette jolie maison de Me. de Levis est près de vous, Madame : c'est ce qui me paroissoit le plus important. N'attirez-vous point à Me. de Barneval la protection de Me. de Cavoye ? il me semble qu'elle seroit bien propre à lui tenir compagnie : une fille d'honneur seroit aussi fort bien auprès de Me. de Berry.

LETTRE XXVII.

De Mad. de Dangeau.

JE me suis trouvée dans bien des embarras, depuis que je ne vous ai vue, Madame : que j'ai regretté le séjour que j'ai fait à St. Cyr ! mon Dieu ! que j'y ai été bien, à la séparation près ! elle me coûte toujours, & il me semble que nous nous séparons toujours brouillées. J'ai vu Me. la Duchesse de Noailles qui savoit que j'avois couché à St. Cyr : mais la peinture que je lui ai faite de l'accueil ne lui a pas donné l'envie d'en essuyer autant. Je lui ai dit toutes mes supercheries: que j'étois demeurée seule dans la cour, sans carrosse, à sept heures du soir, à la belle étoile ; que je ne vous avois presque point vue ; que vous m'aviez fait vos yeux noirs ; qu'il avoit fallu que Mlle. d'Aumale couchât sur une paillasse. Elle m'a trouvée très-hardie, & m'a dit : *Ma tante n'aime point cela.* A mon arrivée à Paris, j'ai trouvé Me. d'Elbeuf toujours à l'agonie, & il est étonnant qu'elle vive encore : je l'ai vue dans une grande résignation pour la vie, ou pour la mort,

mais la même brusquerie que vous lui connoissez en pleine santé : elle répond à ceux qui lui parlent de Dieu, comme elle grondoit ses laquais : en voici un trait : elle se comparoit à Job : le Curé lui dit : *Il y a de la différence, en ce que vous avez eu la consolation de recevoir notre Seigneur* : Elle lui répondit : *Et pourquoi, Diable, le bon homme Job n'a-t-il pas reçu l'Extrême-Onction ? je ne trouve pas cela bien* : mettez à cela son ton : elle en dit beaucoup de cette force : elle maltraite notre pauvre Mr. d'Entrecol : *Je ne puis plus vous entendre, vous me dites-là de grandes fadeurs*. J'ai enfin eu une réponse de notre Archevêque : il me refuse avec toute la politesse du monde, & me renvoye au Pere François Mazy, qu'il croit encore mon Confesseur, & qu'il n'est pas nécessaire qu'on fasse une autre confession générale, qu'une bien faite en sa vie suffit : » Je crois, lui répondis-je, que je
» ferai comme a fait Mr. de St. Simon,
» qui, après avoir été refusé, vous dit :
» Je m'y confesserai malgré vous : car je
» l'irai prendre, je le menerai à St. Cyr qui
» n'est pas de votre Diocèse, & puis je le
» remenerai dans sa maison. " Il me répondit : » Puisque vous le prenez par-là, il
» faut donc que je vous le permette. "

Oh! voici le beau. Madame, après m'avoir priée plusieurs fois de venir à St. Cloud, me manda, depuis que je suis revenue, qu'elle n'iroit de six semaines aux Carmélites, parce que la petite-vérole y étoit ; qu'elle ne me proposoit pas de venir au Palais-Royal, mais que pourtant elle ne voyoit pas pourquoi je n'y voulois pas venir ; qu'il n'y auroit personne, & que j'y vinsse Jeudi. J'y allai dîner comme elle vouloit : elle me reçut avec bonté : il n'y avoit que Madame la Grande-Duchesse, qui y demeure : elle me vouloit promener pour me montrer St. Cloud dont je ne me souvenois pas trop : nous nous mettons en calêche, de ces calêches anciennes avec.... portieres sur lesquelles.... *Le reste manque.*

LETTRE XXVIII.

De Mad. de Maintenon.

SI quelqu'un m'étoit venu dire qu'il vous avoit vue sur la portiere d'une calêche, aux pieds de Mr. le Duc d'Orléans dans les jardins de St. Cloud, je l'aurois cru extravagant. Je ne puis en douter, puisque c'est vous qui vous en vantez : je vous vois belle comme le jour, puisque vous étiez rouge ; mais je ne me représente pas si bien le silence de ce Prince ; car il me semble que rien ne l'embarrasse, & qu'il tient des discours très-doux & très-polis à ceux même dont il n'est pas content. Je l'admire, Madame, de ne vous avoir point aidée en cette occasion : mais les Princes ne pensent pas comme les autres hommes, ni les grands Prélats comme les femmes. Nous aurions cru qu'on pouvoit vous accorder un Confesseur pour Mr. votre mari ; mais nous avons tort : je pense bien comme votre Archevêque sur les confessions générales, & vous savez ce que nous en dîmes. Il vaut mieux être indifférent pour la vie & pour la mort, que de savoir que Job ne pouvoit recevoir l'Extrême-Onction ; mais je trouve très-mauvais que Me. d'Elbeuf maltraite Mr. d'Entrecol. La grace que le Cardinal de Noailles vous a accordée est peu de chose : déterminez-vous au bon Mr. d'Entrecol, puisque vous en êtes contente pour vous. Je renvoye les *Mémoires*, & j'en demande plusieurs autres, pour n'importuner pas si souvent : les filles de St. Cyr sont fort bien traitées dans la représentation d'Esther : je vous prie, Madame, de demander à notre Auteur, qui est un Prince qui meurt subitement à Chantilly : le nom n'y est point, & ce n'est point un de nos Princes du Sang; il me semble que c'est dans l'année 1689. Adieu, ma chere Madame, c'est bien moi qui ne sais de quoi remplir mes lettres, ne jugeant pas à propos de me laisser aller à tout ce que mon cœur me dicteroit pour vous; car il s'en faut bien qu'il soit aussi appesanti que l'esprit.

LETTRE XXIX.

De Mad. de Dangeau.

Mr. de Fréjus me dit hier que le petit Roi vous avoit envoyé une empreinte qu'il avoit faite sur une these que l'on lui dédioit : je suis persuadée que tout ce qui est autour de lui parle souvent de vous, dans le goût que fait Mlle. de Plantadis à ma petite-fille, qui veut toujours baiser le portrait de Maman Maintenon, qu'elle trouve dans mon cabinet : il y en a de plus grandes qui auroient la même foiblesse. Je fus hier dans mon Couvent : les bonnes filles me conterent qu'elles avoient un Confesseur qui étoit un saint homme : il leur dit la Messe, & fait tout ce que leur Ecclésiastique a accoutumé pour le service : & le bon Prêtre leur paye encore une pension de cent écus pour le nourrir. Moret auroit besoin d'un pareil Saint. L'Evêque de Saintes se défait de son Evêché : voilà un Evêque de plus. On m'a dit que Mr. le Duc de la Meilleraye avoit commencé son procès contre Mr. de Châtillon pour le Bailliage de Haguenau. L'on dit que Madame d'Orléans pleure beaucoup : je ne vois guere de gens dans la joie : Dieu nous y veuille mettre à sa naissance, & renouveller les esprits qui ne sont pas bien disposés ! Il arrive toujours quelque malheureuse aventure qui me donne de l'inquiétude pour votre santé. Plus nous avançons, & plus je suis du sentiment que je vous connois, depuis plus de vingt ans, qu'il n'y a rien de si bon que de mourir : la souffrance en est bien moindre, que de survivre à tout ce que l'on voit, & à tout ce qu'on appréhende. Vous m'écrivez que vous vouliez bien entrer dans l'œuvre de la conversion d'une pécheresse : j'ai disposé les choses, de maniere que je la mets dans un Couvent, & que je pourvois à la nourriture de trois enfants : il me manque encore cinquante francs : si vous voulez achever, vous y aurez votre part.

Nous avons vu l'Arrêt de diminution des especes ; mais point d'apparence de payement. Tout ce que l'on avoit dit des personnes exceptées du retranchement n'est pas vrai, & hors vous, tout le monde doit être dans la regle générale. Je voudrois de tout mon cœur être réduite à la campagne : car tout ce que l'on entend dire est si horrible, que je trouve que Madame d'O est très-heureuse d'être sourde. Vous savez la mort de Mr. d'Entrecol qui m'a très-fort affligée, & je ne suis pas encore déterminée, mais ce ne sera pas hors de ma Paroisse. Mr. de Dangeau y est aussi attaché que moi, & mieux que moi ; car c'est à son Curé que je trouve respectable tous les jours de plus en plus ; mais je veux vivre avec lui hors du Confessionnal : je vous ai dis mes sentiments là-dessus.

De Mr. de Dangeau.

Si j'avois pu croire que mes Mémoires fussent vus un jour par de si beaux & si bons yeux, je ne les aurois ni faits ni écrits avec tant de négligence.

LETTRE XXX.

De Mad. de Dangeau.

JE vois avec douleur, Madame, que vous voulez me faire craindre la petite-vérole, que je n'ai jamais crainte, à plus forte raison quand il est question de vous voir : la petite niece la craint, mais toute crainte s'évanouit quand il s'agit d'être avec vous. On a remis Athalie sur le théâtre de Paris : elle a très-bien réussi : & tout ce qu'on y trouve à redire, c'est que ce soient des bouches aussi profanes qui prononcent des choses si saintes ; voilà déja un bel effet pour des spectateurs aussi mondains : on dit ce spectacle parfaitement beau : mon fils en est enchanté. M. de Sourche le pere est mort. M. le Duc du Maine a fait l'honneur à M. de Dangeau de le venir voir : il m'a attendrie & par sa présence, & par son changement; nous avons un peu parlé de vous : il m'a paru être bien-aise de voir quelqu'un de l'ancien monde, qui vous connoissoit. Toutes les idées sont si fort changées, que les mêmes gens avec lesquels je vivois avec agrément, je ne fais plus que leur dire, & que je suis dans l'égarement de Me d'O : je commence à croire que jamais je n'ai eu de bon sens que celui que vous me donniez. Jugez de ce que je vais devenir, si je ne puis avoir bientôt l'honneur de vous voir. Me. de Chevreufe est la seule qui me ressemble, & souvent nous pleurons en *duo* : elle trouve le temps bien changé. Voilà donc encore notre favori à la Baftille : j'espere qu'il y sera long-temps. Je crains que les malheurs de ce pauvre Roi d'Angleterre ne vous ayent bien donné des maux de tête : j'en suis pénétrée.

Quand je vis avec vous, je me retrouve dans mon naturel. Il y avoit trois mois que je languissois : avec vous, je me retrouvai en vie : enfin, je n'oserois vous dire la différence qu'il y a en moi, étant avec vous, ou en étant éloignée : les expressions feroient trop fortes, & tiendroient du profane. Il n'y a que la petite nièce qui le puisse comprendre ; mais elle a la ressource de l'esprit, & moi je n'ai que du sentiment.

Nous avons besoin de nous rappeller souvent l'Evangile de Dimanche dernier pour nous soutenir en ce temps, & de dire souvent : *O mon Seigneur & mon Dieu !* Le Régent fit venir M. de Beaufremont & M. le Maréchal de Villars. Le Régent porta la parole, & dit au Maréchal : *Mr. de Beaufremont est bien fâché de vous avoir manqué par la lettre qu'il vous a écrite, & il vous en fait des excuses.* Le Maréchal répondit : *Je n'ai eu intention de lui faire aucune peine.* Ainsi l'on croit cette affaire finie : vous saurez sans doute l'autre de M. de Clermont.

LETTRE XXXI.

De Mad. de Maintenon.

JE suis étonnée de ce que Mr. le Cardinal de Noailles ne s'oppose point aux représentations d'Athalie. Vous croyez bien, Madame, qu'on le trouve très-mauvais à St. Cyr. Le changement de Mr. le Duc du Maine me fait une très-grande peine : il étoit déja grand quand il vint ici : que la suite de sa vie sera différente dés commencements ! Que Mr. de Sourche est digne d'envie, présentement qu'il n'est plus ! Vous n'avez donc plus de sens ! tant mieux pour ceux qui vous parlent. Je voudrois être en tiers quand vous pleurez avec Me. de Chevreuse : ses larmes sont bien sincéres. Je vous supplie,
Madame,

Madame, de faire dire par elle à Me. la Duchesse de Beauvilliers, que je suis bien sensible à ce qu'elle a écrit pour moi à un de nos amis communs. Rien n'égale la résignation du Roi & de la Reine d'Angleterre, à ce que j'entends dire : je ne sais point encore si la pauvre Me. de Barneval est morte. Mais je sais, Madame, ce que votre piété & votre charité vous ont fait faire pour elle : vous êtes aussi bonne aux mourants qu'aux vivants ; & je vois avec regret que nous n'en profitons pas, comme je m'en étois souvent flattée. Comment Mr. de Dangeau se tire-t-il de l'état présent du monde, lui qui ne veut rien blâmer?

LETTRE XXXII.

De la même.

JE ne puis vous dire, Madame, combien je suis touchée de votre lettre ; elle est pleine d'amitié & de raison : nous pourrons bien ne nous en pas voir moins rarement : car tantôt par l'une, tantôt par l'autre, il se passe bien du temps à concerter un rendez-vous. Je ne m'accommode point du tout de vous avoir dans la maison, & de ne vous pas voir; quand vous avez tant fait que d'en ouvrir la porte, je ne voudrois pas perdre un moment du temps que vous pouvez me donner: mes prieres, vous ayant ici, ne seroient pas sans distractions, & il seroit nécessaire pour ménager ma foiblesse de ne pas dire un mot. Je vous écouterois avec plaisir: vous êtes bien humble, si vous me croyez la tête meilleure que la vôtre, je ne connois personne si solide que vous; & si vous y mêlez du badinage, c'est un agrément de plus; mais la conduite n'est pas légere, ni la vertu superficielle: je la trouve seulement un peu trop austere pour vous & pour ceux qui vous aiment: nous en parlerons à la premiere visite; mais je vous conjure que ce ne soit que dans les premiers jours du Carême, le temps sera plus doux, & la nuit ne nous séparera pas sitôt. Ne perdez point d'occasion, Madame, de persuader à nos amies de me regarder comme n'étant plus; je serois très-affligée qu'elles m'obligeassent en venant ici à les refuser. Me. la Duchesse de Beauvilliers ne me l'a pas proposé, depuis que je l'en ai fait prier: & elle envoye souvent savoir de mes nouvelles. Rien ne me paroît plus dur dans ma retraite, que de ne plus vivre avec vous, Madame, & jamais rien ne m'a plus flattée que le goût que je vous ai toujours vu pour moi. Dieu connoît ce qui nous eſt le plus ſenſible, & c'eſt ſouvent par-là qu'il nous prend; il faut s'y ſoumettre. J'avois hier toute la famille des d'Aubignés : ils ſont encore effrayés du danger que cette pauvre femme a couru; je voudrois qu'elle vît quelques perſonnes raiſonnables, & qu'elle ſe coëffât comme vous; elle vint ici, il y a quelques jours, avec un petit bonnet qui la rendoit ridicule : elle n'eſt pas faite pour être coëffée en folle, & du reſte une femme à ſouhait pour ſa famille. Je conſens de n'être pas oubliée entre M. le Maréchal de Villeroi, Mr. de Dangeau, vóus & Me. de Caylus : du reſte, il ne faut plus nommer mon nom. Adieu, la plus aimable, la plus eſtimable & la plus reſpectable des femmes : la maniere de le dire n'eſt pas jolie, mais c'eſt le fond de mon cœur.

(*Jeudi.*) Vous n'avez jamais ſi bien écrit, Madame, & j'ai lu votre lettre dès la premiere fois : ce qui ne m'a pas empêché de la relire : ſeulement je n'ai pu déchiffrer le mot eſſentiel, & il n'en eſt aucun que je vouluſſe perdre.

Je ſuis bien en peine de la petite niece; notre Médecin fait grand cas de Chirac, & approuve fort qu'on le confulte. Je comprends parfaitement qu'un air de Cour vous ait déplu, quoique vous aimiez celle à qui vous le faifiez; mais il vaut mieux la voir dans un Couvent. Eft-il vrai, Madame, que le Comte de Mongon foit retiré à St. Sulpice pour toujours? c'eft une grande entreprife, & à laquelle plufieurs de ma connoiffance ont perdu leur fanté; je fuis prefque auffi laffe des remontrances (du Parlement) qu'on dit que l'eft notre petit Roi.

Je ne fais ce que c'eft que M. de Nonan, fi ce n'eft, que c'eft un homme de qualité. La mort de Mr. de Simiane m'eft affez indifférente: il n'en eft pas de même de la faute de Brancas, à qui je fouhaite toutes fortes de biens. Me. Bouchu fera une très-aimable Ducheffe : je me fouviens même qui eft l'Archevêque de Cambray, & qu'il partira fans bulles. Je ne démêle point ce que vous me dites de Mr. d'Argenfon, ni pourquoi vous ne pouvez parler de lui gravement : ce n'eft point une linotte. C'eft à moi, Madame, à dire, adieu ma joie, adieu ma douceur, adieu tout le plaifir de ma vie, adieu toute ma confolation dans mes peines, adieu l'objet de mon eftime & fouvent de mon admiration, adieu badinage délicieux. Je connois la tristesse paresseuse; mais je n'ai plus celle qui m'en tiroit à coup sûr : après tout, je ne m'en plains pas : il est temps de souffrir & d'expier nos plaisirs, quoiqu'assez innocents. Adieu donc, Madame.

LETTRE XXXIII.
De Mad. de Dangeau.

Parmi trente lettres, j'ai apperçu une belle écriture : elle m'a sauté aux yeux, & encore plus au cœur; je me suis jettée dessus avec avidité, & je l'ai ouverte de préférence à toutes les autres, quoique j'eusse bien envie de savoir des nouvelles de Me. d'Elbeuf : je ne serois pas partie, si je lui eusse été du moindre secours à elle ou aux siens; mais je ne la voyois pas, & j'étois dans l'anti-chambre avec une foule de parents & d'amis connus & inconnus : & j'entendois les cris horribles qu'elle faisoit. Je la regrette infiniment, elle avoit beaucoup de bonté pour moi : voilà encore une amie de moins. Cette semaine est bien triste : il n'y a point d'heure qui ne me fasse ressouvetir des choses qui nous tuent tous : c'est autant à sacrifier : parlons d'autre chose.

J'ai ri de l'imagination de votre petite favorite, qui voit que vos nieces ont quelque chose devant elles.

L'esprit de l'homme ne prend plaisir qu'à ce qu'il ne peut avoir : autrefois ce pays-ci me plaisoit fort, parce que je ne pouvois m'y arrêter : aujourd'hui que je puis jouir de tout ce que j'effleurois alors, je n'y trouve plus qu'ennui & insipidité : on voit, à force de vivre, bien des défauts dans la nature ; car je ne crois pas que cette inconstance me soit particuliere. Si je pouvois vous tenir ici, il me semble que je ferois des merveilles ; & que c'est l'intelligence qui me manque : vous m'avez formé le goût, & ne m'avez pas donné la capacité. On me dit qu'il n'y a point de pauvres ; cependant ils sont tout nuds. Je voudrois bien les habiller tous, mais je n'ai pas de quoi ; il est triste d'être à la campagne sans argent. J'attends Mr. de Dangeau : je lui voudrois bien donner le goût de la campagne, mais je doute que j'y parvienne : mes jeunes gens sont avec lui : je les attends dans quatre jours : j'aurai mon ennui & le leur à essuyer ; je desire donc & crains également leur arrivée : je n'ai personne à qui parler de vous, & il faut que je m'en occupe, & sans que je le veuille; je vous vois, je vous entends, je pénetre votre cœur; jugez si je ne fais pas mon Purgatoire.

LETTRE XXXIV.

De Mad. de Maintenon.

JE voudrois savoir jusqu'où Mr. de Dangeau fait ses mémoires, afin de les ménager plus ou moins: car c'est le seul amusement que j'aye. Vous me marquez une bonté, Madame, qui me charme d'un côté, & m'afflige de l'autre: je ne jouirai donc plus du bonheur & du plaisir que je trouverois avec une personne prévenue en ma faveur, & qui joint à toutes les graces toutes les vertus!

Ce que vous me mandez de Mr. de St. Sulpice augmente encore la peine que j'ai de son aventure, quelque opinion que j'aye toujours eu de sa vertu: mais vous ne me dites point si cette affaire est finie, & jusqu'où elle peut aller pour lui. Je suis bien loin de vouloir tomber sur Me. de Beauvilliers; mais, entre nous, il me semble qu'elle ne doit point se mêler de la conduite de Mr. de Beauvais, dont certainement Dieu ne la charge pas, & sur lequel elle n'a plus d'autorité. Je fus très-contente de ce que me dit Mr. le Maréchal de Villars, mais point du tout de sa visite; il me montra sur tous les Chapitres les sentiments d'un honnête homme. Si le Parlement ne veut que du bruit, il doit être satisfait, car on ne parle que de ses remontrances. Je ne croyois pas la Duchesse du Lude assez ingambe pour aller à St. Cloud; je souhaite que M. le Duc d'Orléans ne vous y trouve pas; car il me souvient de la confusion où vous fûtes en le voyant. Il est vrai que tout le monde est accoutumé au parti que vous avez pris, & que vous soutenez avec une noblesse & un désintéressement digne de vous. Dieu veuille que la *Belle Petite* vous ressemble! c'est assurément lui desirer tout ce qu'il y a de meilleur devant Dieu, & de plus aimable devant les hommes.

LETTRE XXXV.

De la même.

JE n'aurois jamais cru, Madame, qu'une lettre de vous pût me mettre de mauvaise humeur ; mais j'avoue que la proposition de Madame la Princesse m'est insupportable ; elle sera dans ma chambre, & vous dans l'anti-chambre ! croit-elle que je pourrai l'écouter un moment ? Faites la malade ce jour-là, je vous en conjure ; c'est bien assez pour moi d'essuyer sa triste conversation : car je sais déja ce qu'elle me dira sur le Prince. Mais peu m'importe, pourvu que vous n'y soyez pas.

Vous me paroissez ravie, Madame, d'avoir retrouvé Courbevoye ; mais je ne crois pas Mr. de Dangeau de même goût : & vous n'en ferez jamais un solitaire ; n'êtes-vous pas trop heureuse de le voir un bon Chrétien ? Je ne comprends pas, Madame, que vous veuillez me voir ; car je suis un triste personnage, & c'est sincérement que je suis toujours étonnée de la bonté que vous avez pour moi ; car je ne me vois plus d'autre mérite que la vieilleſſe, que je vous ai toujours vu honorer. C'eſt une vilaine hiſtoire que celle de Mr. d'Hudicour : je pourrois l'écrire, mais je n'en ſuis pas tentée.

Vous démêlez parfaitement, Madame, d'où vient la douceur qu'on trouve dans la retraite : je voudrois que vous compriſſiez auſſi-bien la différence qu'il y a des diſtractions volontaires à celles dont nous gémiſſons, & dont nous ne ſommes pas les maîtres. Vous ne trouverez point de Confeſſeur qui vous diſe que votre état eſt mauvais, parce qu'en effet il eſt bon : mais c'eſt par les graces que Dieu vous fait, & non pas par votre mérite : il vous a fait des dons qui méritent plus de remercimens que de plaintes. Je ne crois pas, Madame, que votre Curé vous diſe autre choſe : je le crois un Saint très-éclairé, & le Pere Quinquet, fort bon s'il n'eſt point du parti, & ſi le commerce que vous aurez avec lui, ne vous donne point l'air d'en être. Mr. le Maréchal de Villeroi eſt une grande preuve qu'on n'eſt point heureux par les biens de la fortune. Hier le Duc de Noailles dîna avec moi. Je lui trouvai l'embonpoint d'un Financier & quelques reſtes de gayeté ; mais ſans être triſte, il m'attriſta beaucoup.

LETTRE XXXVI.

MR. de Dangeau ne s'accommode pas de la solitude : il s'intéresse aux affaires générales : elle paroissent dans un état violent ; je crois vos amis trop sages pour vous en informer par leurs lettres. Vous manquerez de secours pour l'ame & pour le corps. Qu'allez-vous donc faire à Dangeau ? Je vous parle sans intérêt, Madame : je ne profite point de votre séjour à Paris ; mais il me semble que, tant que Dieu vous conservera Mr. de Dangeau, vous ne pouvez changer de vie. Vous êtes d'autant mieux que vous n'êtes pas à votre aise ; & c'est ainsi que Dieu nous veut. J'ai ouï dire à des Saints, que lorsqu'on souffre bien, tout est fait. Vous voudriez être réglée dans vos journées comme des Religieux de la Trappe ; & Dieu veut que vous fassiez bonne chere en souffrant les contradictions qui se trouvent dans les familles les plus raisonnables. Vous voudriez faire le Catéchisme à Avon, & Dieu veut que présentement vous pratiquiez les vertus Chrétiennes, au-lieu d'en instruire les autres. Vous voudriez vivre enfin, pour vous-mêmes,

& Dieu veut que vous amusiez un mari infirme, que vous conteniez des enfants qui pourroient s'échapper, & que vous travailliez à l'ouvrage qu'il vous donne avec une grande paix. Vous voudriez être fervente, & ne pas perdre la préfence de Dieu, & Dieu veut que vous soyez dans la sécheresse; il se contente de votre fidélité à vivre en bonne Chrétienne, & à renoncer à cette sécheresse. Quand vous changerez d'état, il vous demandera autre chose, & vous serez alors bien étonnée, si vous vous trouvez intérieurement éloignée de Dieu, ennuyée de la solitude, & lasse de toutes les pratiques de piété : ce qui pourtant arrivera. On peut arranger la conduite extérieure; mais il n'est pas de même de l'intérieur : on ne pense pas comme on voudroit penser, & je vous assure, Madame, avec la confiance qui est entre nous, qu'il s'en faut de beaucoup que je ne sois aussi contente de ma dévotion ici, que je l'étois à Versailles, & que j'étois plus occupée de Dieu à nos Comédies, que je ne le suis dans le Chœur de St. Cyr. Votre inquiétude vient de deux chose, l'une, que vous n'êtes pas assez soumise à votre Confesseur, & l'autre, que vous ne distinguez pas assez le sentiment d'avec le consentement : si vous consentez à vos distractions, vous péchez, & vous avez raison d'en être affligée ; mais si vous résistez, elles vous tourmentent à profit. Un saint homme, (M. l'Evêque de Chartres) m'écrivoit un jour ces paroles : *Si malgré vos distractions, vous donnez à vos oraisons le temps prescrit, & que vous les rejettiez toutes les fois que vous les appercevrez, vous faites une excellente oraison.* Mon seul bonheur, Madame, c'est que je crois ce qu'on me dit de la part de Dieu, & je ne vous crois pas de même. Me saurez-vous quelque gré de vous parler sur ce ton-là ? Il me semble que votre lettre m'y convie : je prends un si sincere intérêt à vous, Madame, que je voudrois que vous eussiez plus de repos dans votre piété ; jamais personne n'a reçu plus de graces que vous, & je crois que peu de personnes vous connoissent mieux que moi. La lettre que vous m'envoyez charmera nos Dames, qui ont encore la simplicité d'aimer la Catholicité, & d'honorer le Pape, & qui, s'il plaît à Dieu, la conserveront toujours.

LETTRE XXXVII.

Ce 5 Septembre 1718.

VOus avez trop de bonté pour moi, Madame, pour ne pas prendre quelque part à ma douleur : il est bien plus affligeant pour moi de voir Mr. du Maine dégradé, que de le voir mort.

Je reprends de bon cœur le commerce que vous voulez bien avoir avec moi, Madame, quoiqu'il ne puisse plus être qu'ennuyeux de mon côté : vous êtes à la source des événements du monde, & je ne vois que mon ouvrage. Deux choses me sont demeurées dans l'esprit sur notre dernière conversation : je crains, Madame, que vous ne rebutiez Mr. de Dangeau ; vous êtes trop austère, & vous ne comprenez point assez la force de l'habitude. J'ai vu Me. de Montchevreuil dans des inquiétudes pareilles aux vôtres : elle désespéroit son mari par son âpreté sur la dévotion ; elle vint en ce pays-ci : elle fut conduite par un homme très-droit ; & je me souviens qu'elle me manda un soir : *Que diriez-vous de moi ? C'est demain le jour de Pâques, & j'ai passé la foi-*

rée à jouer au trictrac avec Mr. de Montchevreuil. Tout le monde, Madame, n'est pas capable des recueillements que vous demandez, & vous devez être bien contente d'un homme qui a de la foi, qui n'a aucun vice, qui est bon par son naturel, & qui n'est que foible. L'autre article est celui de Madame la Princesse, à laquelle je vous prie de demander pardon pour moi de toutes les sottises que je dis & que je fis à la derniere visite dont elle m'a honorée : vous avez bien changé mes idées par tout ce que vous m'avez appris de la fermeté de son amitié pour les malheureux Princes, & je ne me souviens plus que de la bonté & de la confiance avec laquelle elle m'a parlé dans tous les temps ; elle sait aussi combien je lui ai toujours été attachée, ainsi qu'à Mr. le Prince, qui n'auroit point souffert ce que nous voyons. Adieu, Madame ; voilà une lettre bien sérieuse, mais vous seule mettez par-tout de l'agrément.

LETTRE XXXVIII.

JE suis ravie, Madame, de vous savoir dans le chemin de la paix & de la sûreté : on ne la trouve que par l'obéissance. Les plus grands Saints qui conduisent les autres, sont eux-mêmes conduits. Vous auriez été trop inquiete, ne croyant jamais en faire assez, & entreprenant souvent d'en faire trop, & des choses que Dieu ne demandoit point : quand on a pris un guide, après l'avoir bien choisi, & qu'on est prêt de faire tout ce qu'il nous demande sans raisonner, on est arrivé au port, autant qu'on y peut être dans ce monde. Je l'ai expérimenté bien sensiblement ; mais Dieu ne m'a pas laissée long-temps dans cet état, & m'a mise dans une situation qui est sans nulle consolation & qui ne se peut écrire (1). Plus d'épanchement de cœur, & il faut que je me conduise moi-même.

Je crains seulement pour vous, Madame, que les affaires présentes ne vous

──────────

(1) Elle avoit lieu de soupçonner de Jansénisme le Confesseur auquel elle s'adressoit depuis dix-sept ans.

jettent dans des embarras, & que vos amis ne soient persécutés.

J'espere que Mr. de Dangeau se trouvera bien de votre paix; & que voyant la patience qu'on aura pour vous, vous en aurez pour un homme qui n'a pas reçu tant de graces que vous, mais qui est pourtant un des meilleurs que vous connoissiez. Vous voyez comme je vous obéis.

P. S. C'est St. Sulpice pour lequel je crains la persécution.

LETTRE XXXIX.

Ce 18 Décembre 1718.

OUi, assurément, Madame, je suis affligée du malheur de Mr. de Pompadour. Je crains que ses relations avec Me. des Ursins, & même avec Mr. de Chalais, ne l'ayent rendu suspect : je vous conjure de me faire savoir la suite de cette aventure, & comment il est traité à la Bastille. Je crains que Mr. de Dangeau ne se serre le cœur. Vous savez comment je suis pour Me. de Pompadour ; & vous savez, Madame, comment je dois être pour vous ; je voudrois de tout mon cœur prendre une bonne partie de votre peine : je n'ai rien de meilleur à faire que de souffrir. Vous avez raison de dire que la soumission à la volonté de Dieu n'empêche pas la sensibilité ; c'est cette soumission qui est dans la pointe de l'esprit ; & tout est dans la souffrance : cependant Dieu se contente de notre volonté, toute imparfaite qu'elle est. Me. de Caylus fait bien de partager votre douleur : il ne nous revient ici que des sottises ou des malheurs.

Je n'aime rien tant à la Cour que Me. la Princesse ; & le personnage qu'elle fait dans sa grande famille me paroît complet : la bonté pour les malheureux, la fermeté pour les heureux, le courage pour soutenir les opprimés, la justice pour tous, enfin, Madame tout m'y paroît admirable : & elle étoit, ce me semble, toute faite pour ce qu'elle joue présentement : ce n'est pas que je voulusse qu'elle demandât de continuelles grâces à Monsieur le Régent ; il en accorde assez de lui-même : mais qu'on mette ensemble plusieurs de ces adoucissements qui font une grande différence dans l'état des prisonniers, comme des livres qui ne fussent pas tous de dévotion ; continuez, Madame, à l'exciter : j'aurois été bien blessée que vous ne m'eussiez pas mandé l'adoucissement de la prison de Mr. de Pompadour ; je m'y intéresse par bien des endroits.

LETTRE XL.

ON dit que la citadelle (de Dourlens où étoit le Duc de Maine) est horrible. Je suis bien-aise que Me. la Princesse soit contente du Prince de Dombes : le pauvre Malézieux me fait grande pitié : il est trop vieux pour s'être abandonné aux autres : je voudrois bien que vous fussiez mieux instruite sur ce qui regarde Mr. de Pompadour. C'est beaucoup, Madame, que vous espériez qu'on ne fera de mal à personne. Je vous prie de remettre au Carême la visite que vous me proposez : je suis dans une foiblesse qui me rend incapable d'aucune attention de suite. Je voudrois laisser Me. de Caylus en possession d'être payée comme je le suis : & cela n'est pas aisé : rien n'est égal à la maniere dont Monsieur le Régent a reçu ma proposition. M. le Maréchal de Villeroi feroit mieux de quitter un pays, pour lequel il n'est point fait : il en convient, & ne peut se détacher, & se console des malheurs présents par le souvenir de sa faveur passée. Pour moi je ne trouve dans toute ma vie aucun plaisir qui ait été aussi vif que mes peines d'aujourd'hui sont ameres, & toute ma consolation est l'espérance de ce dernier moment, qui viendra bientôt mettre fin à toutes mes joies & à toutes mes afflictions. Bon soir, je suis bien près de tomber en foiblesse : la petite fievre me consume, & l'on m'ôte presque toute nourriture. Mais qu'importe de nourrir un corps qui n'a plus que deux jours à vivre? Adieu, ma chere Madame.

MAINTENON.

LETTRES
DE MADAME
DE MAINTENON
ET DE MAD. LA PRINCESSE
DES URSINS.

LETTRE I.

De Mad. la Princesse des Ursins à Mad. de Maintenon.

Berlanga, 24 Juin 1706.

IL a fallu enfin, Madame, sortir de Madrid. Mon Dieu, quelle nouvelle à vous apprendre ! & comme l'on a voulu tenir bon jusqu'à la fin, & ne rien faire connoître à ce peuple de ses intentions, notre départ s'est fait sans avoir les choses mêmes les plus nécessaires. La Reine a été sans lit les premiers jours. Heureusement le Chevalier de Bragelonne, qui commandoit le détachement François qui nous accompagne, en avoit un tout neuf, qui se trouva très-à-propos. Mais il ne fut pas si aisé de suppléer au reste. Sa Majesté n'eut que deux œufs pour son soupé, & ne fut guere mieux le lendemain. La Reine va à Burgos. Le Comte de Sanplevan, Grand-Maître de sa Maison, le Marquis de Castel-Rodrigue son Grand Euyer, & le Duc de Popoli un des quatre Capitaines des Gardes du Roi, étoient de sentiment qu'elle passât à Pampelune, où elle auroit été plus en sûreté, & par conséquent moins exposée à faire une seconde retraite. Mais le Roi, M. l'Ambassadeur, & M. le Duc de Berwick ont préféré Burgos, parce que c'est une Ville de Castille, & que le dessein du Roi est d'y transférer ses Conseils, croyant par-là retenir les peuples plus aisément dans l'obéissance. Pour la Reine, elle auroit souhaité d'aller à Pampelune, persuadée qu'il n'y a plus que la force qui puisse soutenir notre parti, & que le Roi auroit été plus maître d'employer toutes ses troupes, si elle avoit été dans un lieu moins exposé aux ennemis. De plus, Sa Majesté regardoit comme une espece de soulagement d'être éloignée de toutes sortes d'affaires. Si elle eût passé promptement dans la Navarre, elle l'eût pu faire sans risque. Dieu veuille qu'elle n'en trouve pas davantage dans le chemin qu'elle va prendre! Car il faut qu'elle passe après demain à Aranda de Dovero, qui n'est qu'à douze lieues de Ségovie. Je ne sais si nous ne devons pas craindre aussi que les nouvelles troupes qui viendront sur la flotte d'Angleterre ne débarquent qu'à Bilbao; auquel cas, il ne nous resteroit plus de retraite. Car les ennemis seroient plutôt que la Reine à Vittoria : & les Miquelets, qui, selon toute apparence, auront fait révolter tout l'Arragon dans ce temps-là, ne nous permettroient pas de prendre un autre chemin. La situation de la Reine, Madame, est fort à plaindre. Elle n'a auprès d'elle que moi, *Lazafata*, une *Duenna*, & une femme de chambre. La disette d'argent l'a réduite à n'en pas avoir davantage. Elle avoit nommé une *Sennora de honor* & la *Tocadora* comme les plus anciennes de ses Dames. Elles venoient: mais ayant demandé chacune cent pistoles à compte de ce qui leur est dû, on s'est trouvé dans l'impossibilité de faire cette avance, dans un temps où tout ce que l'on peut avoir doit être réservé pour payer les troupes. Malgré ce petit nombre de domestiques, ce voyage ne laissera pas que de coûter beaucoup, parce

qu'il faut porter jusqu'à la moindre chose, & que par cette raison il y a pour près de cent pistoles de voitures par jour. La plupart ont été prises à crédit. Cette derniere ressource ne sauroit durer dans l'état où sont les choses. Ainsi nous nous trouverons peut-être bientôt à ne savoir où donner tête. M. le Cardinal Portocarrero pouvoit y remédier, en donnant son consentement à un expédient qu'on lui avoit proposé. Mr. le Cardinal Aquaviva a fait en cette occasion tout ce qu'il a pu pour vaincre l'opiniâtreté de son confrere, mais inutilement. M. le Cardinal Portocarrero avoit d'abord promis qu'il le feroit. Apparemment des gens de mauvaise volonté lui tournerent la tête. Je ne sais, en vérité, Madame, après une telle action, comment juger de son cœur. On vient de me dire qu'il s'est retiré à Tolede. Depuis mon retour, il n'est rien que je n'aye fait pour le ménager. Il m'avoit même promis que si la Reine étoit obligée de se retirer, il la suivroit partout, & il l'avoit dit à Sa Majesté en présence de l'Ambassadeur. Peut-être que la malheureuse affaire de Flandres, jointe à sa timidité naturelle, lui a fait prendre d'autres mesures. Le Roi vient d'écrire à la Reine, qu'il la prioit d'envoyer ses
pierreries

pierreries en France, ou pour les vendre, ou pour les engager. M. l'Ambassadeur me mande que cela est absolument nécessaire. Ainsi, Sa Majesté les envoye par ce même Courier, & je les adresse à M. de la Bourdonnaye, Intendant de Bordeaux, qui se trouve présentement à Bayonne, comme M. Amelot me le marque. Il y a parmi ces pierreries la fameuse perle appellée la *Perigrina*, & le diamant que les Espagnols nomment *el Estanquo*. La Reine y a joint aussi toutes les siennes. C'est Vazet, ancien domestique du Roi, qui est porteur de ce trésor. Je le fais accompagner d'un Officier, qui a l'honneur d'être frère de lait de M. le Duc de Berry, dont le Chevalier de Bragelonne m'a dit beaucoup de bien. Ils vont avec le Courier de M. l'Ambassadeur, qui est un de ses Secretaires, auquel il se fie fort. Voilà tout ce que nous nous sommes imaginés de mieux, dans la nécessité où est la Reine de conserver auprès d'elle ceux qui nous restent. Je crains bien qu'on ne trouve pas grand'chose sur ces pierreries, à moins qu'on ne les porte à Paris. Je sais encore moins comment faire passer au Roi d'Espagne l'argent que l'on trouvera, le commerce des lettres de change étant si fort interrompu. Il y a à la suite de la Reine les Duchesses de Médina Sidonia, de Veraguas, d'Ossone, de Popoli, & plusieurs autres Dames, à qui Sa Majesté fait les amitiés qu'elles méritent, pour l'attachement qu'elles lui témoignent. Une si nombreuse suite cause beaucoup d'embarras pour les logemens, & ne laisse pas un moment de libre à la Reine & à moi : de sorte, Madame, que je suis très-fatiguée. Cependant il faut prendre courage jusqu'à la fin, & mettre son espérance en Dieu. J'aurois encore, ce me semble, mille choses à vous dire ; mais la plus importante est de vous assurer, Madame, que je vous suis entiérement dévouée.

LETTRE II.

De Mad. de Maintenon à Mad. des Ursins.

Ce 4 Juillet 1706.

J'Ai à répondre à deux de vos lettres, Madame : l'une du 17 de Juin, l'autre du 24.

Vous voilà hors d'incertitude, & sortie de Madrid. C'est, Madame, une grande démarche, & vous en connoissez mieux que moi toutes les conséquences. Je vous souhaite présentement à Pampelune. Il me semble que vous y serez en sûreté, en attendant que nos troupes se joignent à celles de Sa Majesté Catholique. Mais, Madame, nos ennemis sont bien forts par-tout, & chaque mauvais événement nous affoiblit. Vos Espagnols nous trahissent : les Flamands nous abandonnent, & Dieu paroît irrité contre nous.

Le Maréchal de Tessé a fait de son mieux dans une entreprise qui n'étoit pas de son goût. Il a été malheureux, & il est bien juste de le consoler. On a voulu faire de même pour M. le Maréchal de Villeroi. Et si vous saviez, Madame, les marques d'amitié que le Roi lui a données dans toute cette triste occasion, vous ne pourriez vous empêcher de blâmer votre ami de les recevoir si mal. Pour moi, je n'ai osé lui écrire, quand j'ai vu la maniere dont il répondoit aux lettres du Roi. Et je n'ai pu croire que les miennes ne fussent pas rejettées avec encore plus de dureté. Le Maréchal de Villeroi n'est accusé que d'incapacité & de malheur. Le Roi a vu si sûrement & de si près le peu de confiance que l'armée a en lui, & les clameurs de Paris ont été si grandes, qu'il a été forcé à ce changement, & qu'il se seroit toujours repenti, s'il ne l'eût pas fait. J'ai vu de près la violence que le Roi s'est faite, & l'amitié pour le Maréchal de Villeroi est encore plus grande que je ne la croyois. Il n'y a eu en tout cela, ni cabale, ni intrigue : je vous en réponds.

Ces changements de Généraux font de nouveaux embarras. M. de Vendôme quitte l'Italie, & désole son armée par son absence, dans le même temps que le Prince Eugene reçoit une augmentation de troupes, & que M. de Savoye est sorti de Turin pour aller encore le fortifier de sa personne & de sa Cavalerie, ou pour aller au-devant de quelques secours par mer.

Le Maréchal de Villeroi, outré & abattu, demeure chargé, pour quelque temps encore, de l'affaire si difficile de Flandre.

Le Maréchal de Villars a tant fait de représentations pour n'aller pas en Italie, que le Roi s'y est rendu, & y envoye M. de Marsin. Ils sont si éloignés les uns des autres, qu'il se passera bien du temps avant qu'ils soient chacun dans leurs postes.

Paris & l'armée de Flandre sont rassurés depuis qu'on a nommé M. de Vendôme: Dieu veuille qu'il réponde à ce qu'on attend de lui ! Il fera de son mieux : mais la besogne est bien gâtée.

Me voici, Madame, à votre lettre du 24 Juin : & vous voilà sortie de Madrid, sans savoir quand vous y rentrerez. Il est bien sûr que c'est pour le mieux qu'on vous conseille Burgos. Mais je crois, par la suite de vos lettres, que vous irez à Pampelune : & il me semble que c'est où vous serez le plus en sûreté, en attendant que nos troupes arrivent. Vous aviez bien prévu, Madame, que vous pourriez vous trouver dans de grandes extrêmités, & bien éloignée des délicatesses & de l'abondance de Rome. Mais pourriez-vous vouloir que cette aimable Reine fût sans vous ? Elle fait de nouveaux remerciments au Roi son grand-pere de vous avoir envoyée en Espagne, & paroît sentir ce que vous faites pour elle. Vous êtes bien fine, Madame, si M. le Chevalier des Pennes dit vrai. Et les deux Rois que vous trahissez ne pourroient gueres vous faire plus de mal que les deux Princes que vous servez. Ce qui revient de ce monstre, Madame, est au-dessus de tout ce qu'on peut dire, & il est affligeant de voir des François capables de telles actions.

Jugez, Madame, de ce que je souffre de vous savoir avec la Reine, manquant de tout, moi qui sens de la pitié pour ce qui s'appelle des misérables. Me. la Duchesse de Bourgogne me lisoit hier votre lettre, qui nous coûta bien des larmes. Cette Princesse m'inquiete fort d'être aussi pénétrée de douleur dans une grossesse. Elle a pourtant du courage, & se contraint en public. Mais les bontés dont elle m'honore font qu'elle se répand sans mesure avec moi.

Il est bien vraisemblable que M. le Cardinal Portocarrero n'a pas de bonnes intentions, de vous avoir refusé votre seule ressource. Les Anglois ne consulteront pas les Curés : ainsi le Cardinal ôte un secours au Roi, & le donne à ses ennemis.

Je crains bien qu'on ne trouve pas grand'chose des pierreries de la Reine : & je ne doute point des difficultés de trouver de l'argent & de le faire tenir.

Je sens une grande tendresse pour les Dames qui ont suivi la Reine. Plaise à Dieu que Sa Majesté se trouve en état de les en récompenser! Quelle extrêmité, Madame, d'en avoir laissé, pour n'avoir pas cent pistoles à leur donner! Je ne fais que vous dire, Madame, entre l'envie que j'ai de recevoir de vos lettres, & celle que j'aurois que vous priſſiez pour votre repos le temps que vous me donnez. Faites au moins comme vous avez fait cette fois-ci, en renvoyant le Roi à la lettre que vous me faiſiez l'honneur de m'écrire. Je vois tout ce qui paſſe par M. de Torcy. Ainſi, Madame, ne mandez pas les mêmes choſes. Je donnerois mon ſang pour vous ſoulager & pour vous ſervir.

LETTRE III.

De Mad. des Urſins à Mad. de Maintenon.

Burgos, 15 Juillet 1706.

LES couriers ne paſſent point réguliérement à Burgos, Madame, & nous n'avons nos lettres qu'après qu'elles ont été à l'armée du Roi. Cela me retarde le plaiſir de recevoir les vôtres, & ſera peut-être cauſe que vous n'aurez pas ſi ſouvent des miennes. Je ferai mon poſſible néanmoins pour me donner l'honneur de vous écrire toutes les ſemaines. Il y a beaucoup d'apparence, Madame, que les affaires de ce Pays nous fourniront à l'avenir des nouvelles plus agréables à vous mander. La malheureuse affaire de Flandre avoit achevé d'avilir les Castillans. Ils supposoient que les troupes de France ne repasseroient point en Espagne : &, à notre sortie de Madrid, les ennemis leur faisoient croire que leurs Majestés Catholiques ne pensoient qu'à se retirer en France. De-là est venue la facilité que quelques Villes ont eue à rendre l'obéissance à l'Archiduc, & c'est un miracle que le mal n'ait pas été plus grand. Aujourd'hui que l'armée Françoise est quasi à portée de joindre le Roi, tout le monde reprend courage. Ségovie s'est déja armée contre les Portugais. Les autres Villes s'associent pour se défendre, & fournissent ce qu'elles peuvent de vivres & d'argent. Les troupes Espagnoles marquent aussi tant de bonne volonté, que nous commençons à craindre que les ennemis n'abandonnent Madrid avant que nous soyons en état de les attaquer. S'ils étoient assez hardis pour risquer une bataille, le regne de l'Archiduc finiroit bientôt en Castille. Peu de Portugais retourneroient chez eux, & Sarragosse ne pourroit pas rester long-temps dans la révolte. L'Andalousie & les autres Provinces voisines font des efforts, si considérables, qu'il ne paroît pas que nous ayons à craindre de ce côté-là, ni pour Cadix.

Valladolid, qui sembloit branler, peut-être, par l'infidélité de quelque Ministre, donna le 7 de ce mois une marque très-authentique de sa fidélité : car chacun sortit de sa maison, hommes, femmes & enfants, les armes à la main, & criant avec une telle fureur : *Vive Philippe cinq, & meurent les traîtres !* qu'on a regardé comme un bonheur, que cette démonstration n'ait pas été suivie de la mort de tous ceux qu'on soupçonnoit être affectionnés à la Maison d'Autriche. Ces Provinces-ci, toutes pauvres qu'elles sont, s'efforcent d'amasser de l'argent pour donner au Roi. Nous sommes déja sûrs de huit mille pistoles ; & quoique nous ne les ayons pas encore, j'en envoyai une bonne partie, il y a trois jours, à M. l'Ambassadeur, ayant trouvé le moyen de me la faire avancer ici sur ma parole. Nous négocions une affaire qui pourra en produire quinze mille. Ce seroit un secours considérable dans ce temps de désordre, & dans lequel tout commerce est interrompu. On nous mande d'Arragon, que plusieurs grosses Villes se sont associées pour se défendre mutuellement,

& pour attaquer même Saragosse. Le mal est que nous n'avons point d'armes à leur fournir pour leur argent, & que ces peuples en demandent. Enfin, Madame, si Dieu nous aide à conserver les Indes & le Royaume de Naples, nous n'aurons pas perdu beaucoup à sortir de Madrid. Au contraire, leurs Majestés, dans cet évènement, auront vu ceux qui leur sont fideles, & connoîtront les gens qui favorisent leurs ennemis. La Reine est très-mal logée ici, & manque de tout. Elle le supporte avec tant de courage, que Sa Majesté n'y paroît pas sensible. Je ne sais en vérité, Madame, s'il y a une autre Princesse au monde qui sût comme elle trouver dans son propre fond de quoi se consoler d'une vie aussi pénible.

Je plains M. le Maréchal de Tessé, & il mérite vos bontés. Ce n'est point par sa faute assurément qu'on a commencé le siege de Barcelone un mois trop tard, & on ne sauroit lui attribuer les autres inconvénients qui ont fait échouer cette entreprise. On lui reproche de nous avoir fait sortir de Madrid, en ramenant les troupes par la France : mais il pouvoit arriver pis, s'il avoit trouvé les rivieres débordées par l'Arragon.

Pour ce qui est de M. le Maréchal de

Villeroi, je ne le reconnois point dans tout ce que vous me faites l'honneur de me dire de son procédé. Après tant de coups malheureux, il devoit être le premier à demander son rappel. C'est l'unique parti qu'il avoit à prendre. Que les hommes sont à plaindre! & qu'ils savent peu ce qui leur convient, Madame, quand le désespoir dérange leur lumiere naturelle! Le Roi me paroît encore plus grand, dans la pitié qu'il a de lui en cette occasion, que par toutes les autres vertus qui obligent ses propres ennemis à l'admirer. Et je suis très-fâchée que le public ne sache pas ce détail : preuve sans contredit que Sa Majesté est le meilleur ami & le plus honnête homme du monde. Je serai plus hardie que vous, Madame : car je vais écrire à M. le Maréchal de Villeroi. Je vous enverrai néanmoins la lettre ouverte, afin que vous la supprimiez si vous trouvez qu'elle ne convient pas. Mon dessein est de le louer, comme s'il avoit fait ce qu'il auroit dû faire : n'étant pas permis, ce me semble, de blâmer extrêmement un ami si estimable & si malheureux.

Mon Dieu! que je crains que toutes ces désagréables affaires ne fassent trop de peine au Roi, & n'alterent sa santé!

Le reste m'embarrasse peu, parce que Dieu & Sa Majesté y remédieront. Mais je frémis, quand je pense à ce dernier malheur. Il y a sans doute, Madame, de très-grands inconvénients à faire passer M. de Vendôme en Flandre. Tout autre Général ne conduira point ses projets si bien que lui, & il est à craindre que son armée n'ait pas la même confiance en celui qui lui succédera. J'espere beaucoup néanmoins de Mr. le Duc d'Orléans. Un neveu du Roi se fera toujours adorer des troupes : & si Turin se prend, il se trouvera si supérieur aux ennemis, qu'il pourra facilement rendre tous leurs efforts inutiles.

Je n'ose imaginer les raisons qui ont empêché M. de Villars de passer en Italie. J'en trouverois peut-être qui me révolteroient contre lui. Tout bien considéré, je crois que le Maréchal de Marsin convient mieux dans cette place.

Le Chevalier des Pennes mériteroit qu'on lui fît son procès, s'il ne prouvoit pas ce qu'il avance, quand on ne voudra pas le regarder comme un fou. Vous le croyez pis encore avec raison, Madame : & je suis persuadée que le Roi ne pense pas différemment. Soyez donc seulement en garde, je vous supplie, contre l'ufage que quelques gens feront de fes extravagances. M. Amelot m'écrit qu'il croit devoir m'avertir que cette affaire réveille mes anciens ennemis, & il me plaint fort d'être toujours en bute à des foux ou à des frippons. Je vous envoye, Madame, la lettre que le Chevalier des Pennes m'écrivit avant que de paffer en France. Elle vous fera connoître le caractere du perfonnage, & qu'au moins il ne me regardoit pas pour lors comme une ennemie du Roi d'Efpagne. Le procédé de cet homme-là paffe tous mes raifonnements, & feroit capable de me donner de l'horreur pour tout le genre humain, fi je ne m'étois mife en tête depuis long-temps de regarder la plupart des chofes avec indifférence. Pour vous égayer un peu, Madame, il faut que je vous faffe la defcription de mon appartement. Il confifte en une feule piece qui peut avoir douze à treize pieds de tout fens, une grande fenêtre, qui ne ferme point, expofée au midi, occupe toute une face. Une porte affez baffe me fert pour entrer dans la chambre de la Reine: & une autre plus étroite, me conduit dans un paffage tortu, où je n'ofe aller, quoiqu'il y ait toujours deux ou trois lampes allumées, parce qu'il eft fi mal pavé, que je me romprois le cou. Je ne saurois dire que les murailles soient blanches, car elles sont très-sales. Mon lit de voyage est le seul meuble que j'y aye, avec un siege ployant, & une table de sapin, qui me sert alternativement pour mettre ma toilette, pour écrire & pour manger la desserte de la Reine, n'ayant ni cuisine, ni peut-être d'argent pour en tenir une. Sa Majesté n'en fait que rire, & souvent j'en ris aussi. Mais au nom de Dieu, que Madame la Duchesse de Bourgogne ne s'en afflige pas! car j'ai été encore beaucoup plus mal en voyage. L'espérance que j'ai que le Roi d'Espagne battra avant la fin du mois les Portugais, s'ils osent l'attendre, me fait oublier qu'on peut être mieux. Et je donnerois encore mon lit pour que vous n'eussiez plus la fievre. Je suis pénétrée, Madame, de la confiance dont vous m'honorez. Soyez persuadée, je vous supplie, que jamais personne n'a été si absolument dévouée à une autre, que je vous la suis.

LA PRINCESSE DES URSINS.

P. S. Je vous envoye, Madame, la lettre que la ville de Séville a écrite au Roi, parce qu'elle vous fera plaisir. Les autres Villes d'Andalousie mandent à peu près la même chose, & paroissent très-résolues à demeurer fideles à Sa Majesté. Le Roi vient d'écrire à la Reine que l'armée Portugaise ayant marché à Guadalajara, M. le Duc de Berwick a jugé à propos de se retirer à Fianca : & Sa Majesté ajoute qu'il pourra bien aller jusqu'à Almansa, pour n'être plus obligé de reculer, espérant d'y joindre bientôt toutes les troupes de France. A von a surpris un Courier des ennemis, par lequel on a su que l'Archiduc vient à Saragosse, & que son dessein est de se joindre aux Portugais avec les troupes qu'il amene de Catalogne. Ainsi, Madame, tout se prépare à une grande action, puisque nous devons croire que Mylord Galoway risquera une bataille, s'il reçoit ce secours, à moins qu'il ne veuille auparavant aller à Madrid faire proclamer Roi d'Espagne l'Archiduc. Nous nous flattons qu'il y sera mal reçu, qu'il verra qu'on ne donne point à un peuple un maître malgré lui, & qu'il faudra verser bien du sang Espagnol avant que de faire crier *Vive l'Archiduc.* Redoublez vos prieres, Madame, & celles de vos Anges de St. Cyr; car nous en avons grand besoin. Je vous plains bien de voir plusieurs personnes de vos amis mourir, & d'appréhender encore de perdre deux de vos filles de cette Maison, dignes de votre estime, & de l'honneur de votre amitié. C'est, de tous les malheurs de la vie, celui qui me paroît le plus sensible.

LETTRE IV.

De Mad. de Maintenon à Mad. des Ursins.

A St. Cyr, ce 18 Juillet 1706.

ENfin, Madame, nous eûmes hier des nouvelles d'Espagne, & toujours fort mauvaises, comme nous devions les attendre. Quel spectacle de voir cette Reine éprouver à dix-huit ans le renversement d'un Royaume, errer de ville en ville, chercher quelque lieu où l'on veuille la recevoir! Mais il est encore plus étonnant, Madame, qu'elle soutienne l'état où elle est, avec la soumission & le courage que vous me mandez. Cependant, Madame, il me paroît bien difficile de se flatter de quelque espérance. Si vous perdez une bataille, tout est perdu dans ce moment. Si vous ne la donnez pas, vous perdez tout, peut-être un peu plus lentement, mais vous perdez tout. Dieu veuille inspirer le Roi & M. de Berwick ! Je soutiens toujours qu'il faut les laisser faire, & qu'on ne peut conduire de si loin. Nous ne l'avons que trop expérimenté. Je ne puis m'empêcher de vous dire sans que personne m'en ait chargée, que Mr. & Madame d'Albe montrent ici un grand zelé pour les deux Rois. Ils sont aimés & estimés dans ce pays-ci, & disent de bon cœur, *Vive Philippe V : & la Reine!* dont ils content des merveilles. Mesdames Royales sont à Oneille & non à Gênes. Jusqu'ici M. le Duc d'Orléans mande de Turin que ce siege sera très-long encore : de sorte, Madame, que je meurs de peur qu'on n'y perde bien des gens, & par les armes & par les maladies qui viendront bientôt. Quelle cruauté que la guerre ! & pourquoi tous ces Princes se persécutent-ils les uns les autres, & font-ils périr tant d'hommes ? Je suis dans une grande tristesse, & je ne vois rien que d'affreux. J'espérerois de votre côté, si nos troupes étoient en bon état quand elles joindront le Roi : mais cela n'est guere vraisemblable. M. le Chevalier des Pennes est un monstre : on ne peut l'appeller autrement. Je ferai savoir votre honnêteté par M. le Cardinal de Janson, que je dois entretenir à Marly. Le plus malheureux des hommes, Madame, c'est le Maréchal de Villeroi. Il refuse la seule consolation qu'il pouvoit avoir par les bontés du Maître, qui ne sont point changées pour lui. Le Roi ne pouvoit se dispenser de faire ce qu'il a fait : & vous l'auriez conseillé, si vous aviez été ici. Je suis si accablée de chagrins, que je sens un peu moins cette aventure que je n'aurois fait dans un autre temps. Cependant je suis fâchée du parti d'aigreur & de sécheresse que le Maréchal de Villeroi prend avec ses véritables amis. Plût à Dieu, Madame, que vous fussiez bien paisible dans les Royaumes d'Italie! Lui seul connoît le dénouement de toutes ces malheureuses affaires. Je crois, Madame, que vous en souffrez beaucoup. Mais je ne saurois croire que vous voulussiez que cette Reine, que vous aimez tendrement, fût seule à Burgos. Je vis l'autre jour Me. de Caylus, qui me demanda comment notre Cour étoit contente de vous, & qu'on faisoit courir des bruits à Paris que vous étiez plus mal que jamais : que ces bruits donnoient de l'inquiétude à M. le Duc de Noirmoutier, à qui vous écrivez fort peu. Je lui dis, Madame, ce que j'en sais, & combien je le sais sûrement : & je la chargeai d'en rendre compte à M. votre frere. J'admire la rage & l'inutilité de ces diseurs de nouvelles. Mais, Madame, nous avons présentement bien d'autres maux à souffrir.

Le Roi est en parfaite santé. Notre Princesse est moins incommodée qu'à sa premiere grossesse. Que je suis fâchée que votre Reine ne soit pas dans le même état ! les Castillans en seroient encore plus affectionnés. Je vous estime, Madame, au-delà de toutes les expressions. Je vous aime tendrement, & je ne puis vous le dire aujourd'hui avec un autre tour, ni aussi respectueusement que je le devrois.

LETTRE V.

De Mad. des Ursins à Mad. de Maintenon.

Burgos, 30 Juillet 1706.

Depuis que la Reine est ici, Madame, il n'a pas passé un seul courier pour la France en cette Ville. On les a dépêchés du camp du Roi, apparemment par Pampelune. C'est ce qui a fait que je n'ai pu avoir l'honneur de vous écrire que par des particuliers qui alloient à

Bayonne. En ce moment il en passe un du Maréchal de Berwick, que l'on ne peut retarder : de sorte, Madame, que je n'ai le temps que de vous dire que la Reine est, graces à Dieu, en bonne santé, malgré l'état violent où elle se trouve. En vérité, Madame, quand je pense qu'entre aujourd'hui, demain & après demain, Sa Majesté Catholique doit donner une bataille d'où dépend sa gloire & sa Couronne, je vous avoue que je suis dans une si terrible agitation, que je n'ai de courage que ce qu'il m'en faut pour vous dire que je suis plus à vous qu'à moi-même.

P. S. Les prieres publiques se font continuellement en cette Ville, où Sa Majesté assiste tous les jours, & prie Dieu de bon cœur, je vous assure. J'espere qu'il protégera un Prince & une Princesse qui sont en vérité deux Anges. Quelle joie, Madame, sera-ce pour notre Roi, s'il apprend que le Roi son petit-fils ait vaincu ses ennemis ! & quelle satisfaction pour nous, Madame, qui prenons une part si sensible à tout ce qui a rapport à Sa Majesté ! Je n'ai le temps d'écrire qu'à vous, Madame. Et encore, qu'est-ce que je vous écris, sur-tout dans des circonstances aussi critiques que celles-ci, & auſſi fécondes en raiſonnemens?

LETTRE VI.

De Mad. de Maintenon à Mad. des Urſins.

St. Cyr, ce 7 Août 1706.

Nous ſommes dans l'eſpérance du gain d'une bataille, & dans une grande impatience d'en recevoir la nouvelle. Votre derniere lettre, Madame, me tranſit, en me diſant qu'il y va de la vie & de la Couronne du Roi d'Eſpagne. Et votre Reine en a écrit une à Madame ſa ſœur qui m'a bien attendrie par la piété dont elle eſt pleine. En vérité, nous ne vivons pas dans une telle agitation, & nous en aurons pourtant encore pour quatre ou cinq jours. M. le Maréchal de Villeroi arriva enfin hier au ſoir, & vit le Roi dans ma chambre. Il n'y avoit que Mad. la Ducheſſe de Bourgogne & moi; mais nous n'entendions pas la converſation. L'entrevue fut triſte, & remplie de marques de bonté de la part du Roi. Il m'amena le Maréchal de Villeroi au moment où j'étois seule, notre Princesse n'y étant plus. Le Maréchal m'a envoyé demander à me voir ici, & je l'attends. Il a vu M. de Vendôme sur le chemin, & a voulu le voir ; il n'a nulle aigreur contre lui. Il n'est pas de même sur M. Chamillart. Il ya à Paris pour trois ou quatre jours, & reviendra prendre le bâton, & faire à son ordinaire. Je crains qu'il n'essuye bien des désagréments de la part des Courtisans, dont il n'a pas lieu d'être fort satisfait. M. de Vendôme nous a fort rassurés sur les affaires d'Italie. Il prétend que Turin ne sera point secouru, & qu'il sera pris au commencement de Septembre. Nous avons toujours de l'inquiétude sur la flotte, qui n'est pas encore partie. La tranchée n'étoit pas encore ouverte devant Menin le 4 de ce mois. Notre armée se rassemble. Dieu veuille la protéger ! Il est vrai, Madame, que le Roi auroit grand besoin de recevoir quelque bonne nouvelle. Il seroit bien sensible à la gloire du Roi son petit-fils, & à son retour à Madrid. La satisfaction de la Reine ne nous sera pas indifférente. Je ne saurois croire que Dieu ne se déclare pas pour eux. On ne cesse de prier ici pour leurs intérêts, depuis le jour de St. Jacques qu'on commença des prieres particulieres.

5 *Août.* Je vis hier ici M. le Maréchal de Villeroi très-affligé, mais très-sensible aux bontés qu'il a retrouvées dans le Roi. Il est aigri contre bien des gens, & je crains qu'il n'y en ait qui se mêlent entre les uns & les autres pour les aigrir encore. On me dit, hier au soir que la flotte ne doit se mettre en mer que le 10, & que la tranchée est ouverte devant Menin du 5 de ce mois. Dieu veuille, Madame, vous conduire à Madrid, & vous y donner du repos ! Personne ne vous est, Madame, plus tendrement dévouée que je le suis pour toute ma vie.

LETTRE VII.

De Mad. de Maintenon à Mad. des Ursins.

A St. Cyr, ce 12 *Septembre* 1706.

Quand vous vous donnez à cœur joie de m'écrire, Madame, vous faites un très-grand plaisir au mien, sur-tout lorsque vos affaires vont un peu bien : il seroit à desirer qu'elles ne tirassent pas en longueur : car je crains toujours la flotte pour vous, quoiqu'on assure que c'est nous qu'elle menace. On a peine à comprendre son retardement. Je crois que la Reine Douairiere sera mieux en France qu'en Espagne : car, sans connoître son caractere particulier, il me semble qu'il est très-vraisemblable qu'elle est dans les intérêts de l'Archiduc. Il n'y a guere d'apparence, Madame, que nous ayons de bonnes nouvelles de Turin. La longueur du siege & les maladies ont affoibli notre armée ; & Mr. le Prince Eugene est bien près de M. le Duc d'Orléans. Mon Dieu ! Madame, que tout ceci est long, & qu'il paroît difficile de s'en bien tirer ! M. de Vendôme a pourtant une très-belle armée en Flandre, & pétille de faire quelque chose : mais le Roi ne croit point qu'il soit à propos de rien hasarder à la fin d'une campagne. Nous avons été bien surpris, Madame, de voir le Sieur Orry contremandé : mais nous sommes rassurés quand nous voyons que cela s'est fait de concert avec vous. Je serois bien affligée si vous pensiez autrement que votre Ambassadeur, ou qu'il pensât autrement que vous. J'espere trouver de vos nouvelles en arrivant ce soir à Versailles. Le Roi compte toujours de partir pour Fontainebleau le 23 de ce mois. Il y va par complaisance pour M. le Dauphin, & par charité pour les habitants de ce lieu-là, qui seront ruinés

nés si l'on n'y va plus. Ses plaisirs deviennent des œuvres de charité. La Cour n'y sera pas si belle qu'à l'ordinaire: car notre Princesse y brille beaucoup, & elle demeurera à Versailles avec une grande partie des Dames: de sorte que nous serons seuls, & très-affligés d'être éloignés d'elle. Le Roi en est encore plus fâché que je ne l'aurois cru, & n'y auroit point été sans les deux raisons que je vous marque. M. le Duc de Bourgogne y viendra aussi: mais je doute qu'il soit trois semaines sans retourner à Versailles. C'est toujours le plus saint & le plus amoureux des Princes. Oui, Madame; je passe à votre Reine le défaut de vous trop aimer: elle peut le pousser trop loin, & je suis bien-aise de l'avoir prévu. Certainement les deux Savoyardes feroient tourner la tête à nos Princes si elles le vouloient. Je plains bien le Roi d'Espagne d'être séparé de ce qu'il aime, sans en être consolé par une bataille. Je ne mérite point par moi-même que vous ayez de l'amitié pour moi: mais, en vérité, j'en suis digne par les sentiments que j'ai pour vous. Il est aisé à vos ennemis de vous attaquer: il leur est difficile de vous nuire.

Tome VII.   H

LETTRE VIII.

De Mad. des Urſins à Mad. de Maintenon.

Burgos, 23 Septembre 1706.

LA lettre que vous m'avez fait l'honneur de m'écrire, Madame, de St. Cyr, du 12 de ce mois, m'afflige par le peu d'eſpérance que vous m'y montrez qu'on prenne Turin, & par le mauvais état où notre Flandre ſe trouve par les nouvelles conquêtes qu'y font nos ennemis. M. de Vendôme jugeoit plutôt par l'ardeur de ſon zele pour nos Rois, que par la poſſibilité qu'il y avoit, quand il aſſuroit que M. de la Feuillade ſe rendroit maître de la place qu'il aſſiege, avant que M. le Prince Eugene eût le temps de joindre M. le Duc de Savoie, puiſque le contraire eſt arrivé. Mais, quelque habile Général qu'il ſoit, je ne ſuis pas ſurpriſe qu'il ne puiſſe pas deviner juſte un événement ſi éloigné, & dont par conſéquent il n'a pu démêler les principales circonſtances qui changent quelquefois les projets les plus aſſurés. Cela cependant ne doit point décourager, puiſque M. le

Prince de Vaudemont m'a assuré depuis peu, que nos troupes sont encore très-supérieures en quantité & en qualité. D'ailleurs, elles ont à leur tête un bien grand Prince, qui ne respire que la gloire, aussi-bien que le Maréchal de Marsin qui sert sous Son Altesse Royale. Je voudrois bien, Madame, adoucir votre inquiétude, en vous mandant quelque nouvelle agréable de notre malheureuse Espagne ; mais je suis privée de cette consolation. Il est vrai que l'Archiduc s'en retourne à Valence, selon ce qu'on mande, & qu'il laisse la Castille libre de ce côté-là. Cependant cinq ou six mille Portugais qui étoient assemblés près de Salamanque s'en sont rendus maîtres. Ils ont brûlé plusieurs Eglises : & non contents d'un pareil sacrilege pour satisfaire leur fureur, les Religieux d'un Couvent de l'Ordre de St. Jerôme, qui étoient hors de la Ville, & qui s'étoient signalés par leur fidélité pour leur Souverain légitime, pendant que tant d'autres font des actions indignes de l'habit qu'ils portent, ont tous été égorgés. Je vous avoue, Madame, que cette barbarie perce le cœur. La Reine, qui vient dans cet instant de savoir tout cela, en est touchée jusqu'au vif : car son naturel, qui est excellent, ne lui permet pas de n'être pas infiniment sensible aux mauvais traitements qu'on fait à de si bons sujets. Toutes les particularités de cette funeste expédition ne sont pas bien éclaircies encore. J'aurai l'honneur, Madame, de vous répondre par la premiere occasion à quelques articles de votre lettre du 12, & sur-tout de M. Orry. Je vous assure fort, en attendant, que M. Amelot & moi ne cesserons pas d'être unis. J'appréhende furieusement notre retour à Madrid; car quoique je sois très-aise d'y voir Leurs Majestés Catholiques, & d'y jouir en mon particulier d'une aussi bonne conversation que celle de cet Ambassadeur, elle me devient insupportable quand il me parle d'affaires. Je crains toujours d'être trompée, & de me tromper : je sais d'ailleurs que cela me fait haïr ; & il est impossible qu'à la longue, l'on ne s'attire l'aversion des gens qui ne veulent que le désordre, & qui fuyent plus que la mort la dépendance du Prince auquel ils doivent obéir. Ayez soin, Madame, de votre santé ; je vous en supplie. L'air de Fontainebleau ne vous est pas, je crois, trop bon : je voudrois que le Roi eût pu se dispenser d'y aller, & qu'il n'eût point quitté Me. la Duchesse de Bourgogne. Je comprends fort qu'on aime à la voir, & à vivre avec elle.

LETTRE IX.

*De Mad. des Ursins à Mad. de Main-
tenon.*

Madrid, 19 Août 1713.

IL s'en faut de beaucoup, Madame, que toute la Catalogne soit soumise. Barcelone & Cardone persistent dans la rébellion; & les Allemands ont fait connoître en cette rencontre qu'il ne sont pas fort religieux observateurs de leur parole. Sa Majesté Catholique en a informé le Roi, & l'a prié en même-temps de l'aider des choses dont elle manque, pour forcer ces infideles peuples à rentrer dans leur devoir, & elle l'espere de sa bonté & de sa tendresse. J'ai cependant lu au Roi & à la Reine tout ce que vous m'avez fait l'honneur de m'écrire d'obligeant pour Leurs Majestés. L'état de votre santé, dont je ne suis point contente, troubleroit fort la mienne, si je ne faisois réflexion que vous vous êtes souvent trouvée attaquée & affoiblie, & que vos forces sont revenues assez grandes pour vous en étonner vous-même. Je ne serois pas trop fâchée, Madame, d'être témoin des galanteries que M. de Pontchartrain fait à Me. sa femme, & que M. le Chancelier devînt son rival. Je trouverois cela assez amusant. Il faut bien quelquefois se faire des idées agréables pour se délasser des choses sérieuses. Aurois-je oublié, Madame, de vous faire part du soupçon très-mal fondé de Milord Lexington ? Il s'imagina que j'apportois du retardement pour mon propre intérêt à la conclusion du Traité de Commerce entre S. M. Cath. & S. M. Br., qui par conséquent retardoit la paix, fondé sur ce qu'on ne lui donnoit point de réponse aussi-tôt qu'il l'auroit voulu. Quand toutes les difficultés furent applanies à sa satisfaction, il fut si honteux d'avoir mal jugé de mes intentions, qu'il vint de la meilleure foi du monde m'en demander mille pardons, disant qu'il savoit même que j'avois employé toute mon habileté pour qu'on finît cette affaire. Il me confessa qu'il avoit écrit ses téméraires jugements en Angleterre, & qu'il les avoit communiqués à M. de Bonnac pour qu'il en fît autant à la Cour de France. Et je suis si satisfaite de la sincérité de son procédé, que je l'en ai plus estimé depuis. Je ne sais si cet Envoyé m'a rendu autant de justice. Il auroit plus de tort qu'un autre, m'ayant plus d'une fois sondée, & connoissant mon désintéressement & mon zele sans bornes pour nos Rois, & s'étant servi de moi en plusieurs rencontres, & ayant eu sujet de remarquer que je vais toujours au bien. Vous regardant comme la meilleure de mes amies, Madame, permettez-moi de vous demander comme une preuve de l'honneur de votre amitié, de me parler franchement là-dessus. Je n'en ferai aucun mauvais usage. Je pardonnerai le mal qu'on m'a voulu faire : & je vous proteste que la seule raison qui excite ma curiosité, ne vient que du desir que j'ai de régler ma conduite à l'avenir avec un homme que vous savez mieux que personne, Madame, que j'aurois voulu servir de tout mon cœur, & qui y auroit si mal répondu : ce qui ne me seroit nullement nouveau. Encore une fois, je vous supplie instamment de vouloir bien m'éclaircir, ou de me dire : *Non, Madame, je ne vous répondrai pas*, qui est un langage que vous m'avez appris à comprendre. Mon dévouement pour vous & ma reconnoissance dureront autant que ma vie.

P. S. Il est revenu au Prince de Robecq que M. le Comte de Solre veut exiger de Me. sa femme deux choses trèsdéraisonnables, & que c'est ce qui cause le retardement du départ de la mere & de la fille ; ce qui les fâche extrêmement. D'ailleurs, Madame, il est de mauvaise grace qu'une Dame, que la Reine a fait l'honneur de nommer pour être à elle, fasse paroître si peu d'empressement pour occuper cette place. Je me garderai bien de juger de si loin, qui a tort de M. ou de Me. de Solre, que j'honore tous deux. Mais je ne puis m'empêcher de desirer que leurs contestations finissent, ni de vous supplier de vouloir bien contribuer à cette bonne œuvre, soit par vous-même, ou par quelques-uns de vos Lieutenants auxquels vous êtes en droit de commander. Me. la Maréchale de Noailles, cousine germaine de Me. la Comtesse de Solre, est très-efficace dans ce qu'elle entreprend. Elle pourroit, ce me semble, être chargée de cette commission, puisqu'elle n'exigera rien que de juste & de propre à radoucir les esprits d'une famille qui lui est si étroitement alliée ; & qui ne doit pas donner des scenes au public. Mes yeux sont toujours malades : je les perdrai peut-être : mais je ne veux pas m'affliger d'avance.

Lettre de Madame des Ursins, qui annonce la naissance d'un Prince plus beau que le Prince des Asturies.

Lettre de la même pour presser le départ de M. Helvetius, que le Roi d'Espagne envoye chercher pour la Reine.

Lettre du 20 Mars 1417. Madame des Ursins rend le témoignage le plus avantageux à la conduite de Mr. Helvetius.

LETTRE X.

De la même à la même.

Au Pardo, 27 Juillet 1714.

JE ne sais pourquoi, Madame, je n'ai point reçu de vos lettres le dernier ordinaire. Je crois qu'il faut que je vous fasse mon compliment sur ce que M. Voisin est Chancelier, puisque l'on dit que vous avez toujours conservé une estime & une amitié particuliere pour lui, depuis qu'il s'est mêlé des affaires de St. Cyr & de celles de Mrs. de Caylus, ayant eu occasion par-là de connoître toutes ses bonnes qualités. Ses amis se réjouissent que le Roi l'ait trouvé digne d'être revêtu d'une charge si importante & si honorable; & ceux de son prédécesseur le louent de s'en être dépouillé, pour ne plus penser qu'à une vie tranquille. Des sentiments si différents font voir que la plupart des choses ont deux faces, & que chacun les interprete selon son humeur, ou selon ses intérêts. M. le Maréchal de Berwick a cru que M. Orry étoit plus nécessaire ici qu'à l'armée : c'est pourquoi il est revenu. M. le Duc de Popoli y est aussi depuis hier. Sa Majesté Catholique, Madame, pour faire connoître qu'elle a été contente de la conduite qu'il a tenue en Catalogne, l'a honoré aujourd'hui de l'Ordre de la Toison : & cela a été approuvé. M. le Duc de Berwick écrit au Roi d'Espagne que le siege s'avance, & qu'il espere qu'il sera bientôt fini. Je serois bien fâchée pour l'amour de lui & de toute l'armée, qu'ils eussent des chaleurs aussi piquantes que celles que nous avons depuis peu : car cela l'incommoderoit fort. Malheureusement pour moi, elles m'empêchent de dormir : & comme il n'y a point d'endroits où on pense plus que dans ses draps & où les tristes réflexions du passé se rappellent plus vivement à la mémoire, j'aimerois mieux les passer debout. Je souhaite que les vôtres soient plus tranquilles, & que vous m'aimiez toujours un peu.

LETTRE XI.

De Mad. de Maintenon à Mad. des Ursins.

À Fontainebleau, 17 Septembre 1714.

Nous partageons bien vos inquiétudes, Madame, sur le siege de Barcelone. Et nous attendons avec une extrême impatience quel aura été le succès de cet assaut général qu'on y devoit donner ces jours-ci. Je vous crois en repos présentement sur la santé de M. le Dauphin. Il est vrai qu'il ne fait que trop ressouvenir de Madame la Dauphine. Il est plus beau qu'elle n'étoit : & il en a toutes les graces, qui valent mieux que la beauté. Si tous les Ministres avoient l'esprit aussi solide que M. le Chancelier, les affaires seroient aisées à mener. Je le confirme tous les jours dans la bonne opinion que j'ai de lui. Vous & moi, Madame, vivons, si je l'ose dire, dans le pays des révolutions. M. le Cardinal del Giudicé nous a paru ici une très-bonne tête, très-affectionné au Roi son Maître, tendrement attaché au Prince des

Asturies, & rempli d'estime pour vous, touché du mérite & de la bonté du Roi, pénétré de désir de conserver l'union entre nos deux Rois : & tout cela, Madame, nous préparoit à sa disgrace. Le Maréchal de Villeroi a été comme exilé, malheureux, brouillé avec son Maître, & le voilà comblé d'honneurs & de marques de confiance, qui le charment du côté de l'amitié, & qui l'enrichissent plus qu'aucun autre grand Seigneur. Nous l'attendons Jeudi 20 de ce mois. Je crois que le Maréchal de Villars arrive aujourd'hui, charmé de ce qu'il vient de faire, & toujours engoué du Prince Eugene; mais avec le chagrin de n'avoir pas hérité de M. de Beauvilliers. Il n'y a que pour notre pauvre Roi & Reine d'Angleterre, qu'il ne se fait point de révolution. Et cette nation remuante demeure en repos depuis vingt-six ans. Elle recommencera peut-être à se brouiller, quand elle aura un Roi; ce qui doit être au premier jour. La description que vous me faites de la Reine d'Espagne est très-équivoque. Un mot, quand vous l'aurez vue, m'en donnera une juste idée. Le Latin, l'Allemand, l'Espagnol, le François, la danse, la peinture, sont d'agréables talents; quand ils se trouvent avec de la piété & de la raison. S'ils sont seuls, je n'en fais pas grand cas, ni vous non plus.

Me. la Princesse d'Epinoy retourna hier à Paris, pour faire demain les noces de Mlle. de Verchis. Elle doit la ramener ici, bien résolue de la garder, & de ne la point lâcher dans notre Cour. Elle a assez de courage pour soutenir cette résolution ; ce qui est bien rare, mais pas sans exemple. M. d'Antin a toujours dans le jardin de Diane un grand cabinet paré & éclairé pour le jeu de tous ceux qui veulent y venir : l'Electeur y joue tous les jours, & nos Princesses toutes les nuits; c'est-à-dire, Madame la Duchesse & ses filles. Me. la Duchesse de Berry se renferme fort dans sa maison, & ne marque pas qu'on lui fasse plaisir quand on va lui faire sa cour. Me. la Duchesse d'Orléans conserve sa grossesse, & s'en trouve bien : elle me fit l'honneur hier de venir chez moi : elle joua au piquet, & n'avoit rien à me dire. La grande Princesse de Conti reçoit chez elle ce qu'il y a de plus grave à la Cour en hommes & en femmes. Le Roi, qui jouit d'une parfaite santé, est plus engoué que jamais de Fontainebleau, où il s'est fait le plus bel appartement qu'on puisse voir. Et voilà par quels plaisirs nous tâchons d'abréger le songe de la vie ! Je ne veux point, Madame, vous dire de mes nouvelles, car je ne ferois par-là que m'attirer vos remontrances. Vous entendrez bien ce que je pense. Mais connoissez aussi clairement l'attachement & le respect que j'ai pour vous.

LETTRE XII.

De Mad. des Ursins à Mad. de Maintenon.

Ce 29 Septembre 1714.

Cardone s'est enfin rendu, Madame, à discrétion, après quelques fanfaronnades mal soutenues. Il ne reste plus rien dans la Catalogne qui ne soit soumis. Et l'on a quelque lieu d'espérer que Majorque suivra l'exemple de cette place : ce qui est bien à souhaiter, puisque cela épargnera la vie aux gens qui iront l'attaquer. Le Roi d'Espagne a donné la Toison à Mylord Toynmoth, qui lui a apporté les détails de la prise de Barcelone, & a accordé à M. le Maréchal de Berwick quelques autres graces qu'il lui avoit demandées pour un autre de ses enfants, & pour quelques principaux domestiques, étant bien-aise de lui faire quelque plaisir. Ce

Général a eu l'honneur d'écrire à S. M., qu'il viendroit lui faire sa cour à Madrid, où il sera reçu avec les témoignages d'affection & d'estime qu'il mérite. La nouvelle Reine entrant dans ce Royaume est bien heureuse de n'y plus trouver de guerre. Celle que nous avons perdue ne se seroit pas sentie de joie de jouir de la paix, après avoir essuyé de cruelles peines de toutes manieres. Dieu lui réservoit apparemment une plus parfaite consolation. Vous m'en donnez une, Madame, en m'assurant que le Roi & M. le Dauphin se portent bien. Rien n'est plus agréable que ce petit Prince; & M. le Prince de Cellamare, qui arriva ici hier de Burgos, où il a laissé M. le Cardinal del Giudicé, m'a assuré que le peintre ne l'a point flatté. Je voudrois fort qu'on pût trouver les moyens d'ajuster l'affaire que s'est faite le Cardinal en cette Cour, en conservant l'autorité du Roi son maître. Je ne sais si on pourra en venir à bout : on y travaille avec bonne intention de réussir. Je suis ravie, Madame, de vous voir tous les jours plus contente de la solidité de l'esprit de M. le Chancelier, parce que rien n'est plus rare. Cependant rien n'est plus important pour le bien de l'Etat, auquel toutes sortes de raisons doivent l'attacher. Plus je vis, & plus je vois qu'on n'est jamais si proche des revers de la fortune que quand elle favorise, ni si près d'en recevoir des faveurs que lorsqu'elle nous maltraite. C'est pourquoi, Madame, si l'on avoit de la sagesse, on recevroit avec modération son inconstance. Je crois que M. le Maréchal de Villeroi a trop de tendresse pour le Roi, pour exercer cette vertu dans tous les témoignages de bonté qu'il lui donne. Seroit-il possible que M. le Maréchal de Villars eût assez de regret de n'avoir pas hérité de M. de Beauvilliers, pour que son bonheur en fût troublé ? On ne parle que de l'amitié qui est entre lui & le Prince Eugene. J'appréhende fort, Madame, que le Roi & la Reine d'Angleterre n'éprouvent point en leur faveur l'inconstance naturelle des Anglois. Notre Religion me paroît un obstacle invincible à leur rendre la Couronne qui leur appartient, à moins qu'il ne plaise au Seigneur de s'en mêler. Quelle affreuse situation que la leur ! Je n'y saurois faire de réflexion, sans m'attrister vivement. Je loue infiniment le courage de Me. la Princesse d'Epinoy, du parti qu'elle a pris à l'égard de Mlle. sa fille. Quelque difficile qu'il soit à soutenir, elle n'est capable que d'en prendre de bons. Elle me marque souvent, Madame, les obligations qu'elle vous a, & les ressent autant qu'elle doit. Je me souviens qu'autrefois les Dames jouoient un peu le jour, & les hommes la nuit. Vous m'apprenez que la mode en est changée, sans que j'en sois surprise. Il est plus obligeant pour vous, Madame, que Me. la Duchesse d'Orléans aille chez vous sans avoir rien à vous dire, que si elle vous visitoit pour vous demander quelque grace. C'est signe qu'elle se plaît en votre compagnie. La sienne m'a paru très-aimable quand elle étoit en liberté : avec son air endormi & froid, elle dit des choses fines & qui plaisent. Il convient tout-à-fait à Me. la Princesse de Conti de représenter dans son appartement avec des personnes graves, & il seroit à desirer que chacun remplît aussi dignement son personnage. Le mien est plein de choses grandes, riantes, singulieres, & désagréables. Vous ne faites point trop mal de ne me point dire de vos nouvelles, si vous ne voulez point mettre ma patience à bout. Je vous comprends malgré votre silence : comprenez de même, je vous supplie, jusqu'où va mon attachement tendre & respectueux pour la plus charmante amie du monde.

LETTRE XIII.

De la même à la même.

Toloxette, 10 *Janvier* 1715.

VOus avez dû être bien étonnée, Madame, si vous avez appris le traitement que j'ai reçu de la Reine d'Espagne, quand je devois m'attendre à un tout différent. Sa Majesté ma chassée honteusement, en me disant des injures, à Jadrague, où le Roi d'Espagne m'avoit ordonné d'aller pour lui témoigner son impatience de la voir, & pour lui présenter une lettre de sa part, extrêmement obligeante. J'ai l'honneur, Madame, d'en informer le Roi. Comme je ne doute pas qu'il ne vous la communique, je ne vous répéterai pas la même chose. Je ne sais comment j'ai pû résister à toutes les fatigues du voyage. On m'a fait coucher sur la paille, & jeûner d'une maniere bien opposée aux repas que j'avois coutume de faire. Je n'ai pas oublié dans le détail que j'ai pris la liberté d'écrire au Roi, que je ne mangeois que deux vieux œufs par jour. J'ai cru que cette circonstance l'exciteroit à avoir pitié d'une fidelle sujette, qui ne mérite, ce me semble par aucun endroit, un pareil mépris. Je vais à St. Jean-de-Luz, pour me reposer un peu, & savoir ce qu'il plaira au Roi que je devienne. Je pense, Madame, qu'il seroit fort à propos qu'on m'envoyât en ce lieu-ci quelqu'un de votre Cour, auquel vous pussiez vous fier, & moi aussi, puisqu'il seroit bon que je lui parlasse à cœur ouvert sur plus d'une matiere soit de France, soit d'Espagne. Je mande à M. de Torcy à cet égard à peu près la même chose. Permettez-moi, Madame, de vous adresser ma lettre pour notre ami M. le Maréchal de Villeroi. Je me flatte qu'il ne sera pas insensible à tout ceci, & que ma situation l'affligera. Honorez-moi, Madame, de votre précieuse amitié. Elle me soulagera de tout.

LETTRE XIV.

De la même à la même.

St. Jean-de-Luz, 20 Janvier 1715.

Concevez-vous bien, Madame, la situation où je me trouve ? traitée à la vûe de toute l'Europe, avec plus de mépris par la Reine d'Espagne, que si j'étois la derniere des misérables ! Je suis pourtant une des premieres sujettes du Roi, envoyée à la Cour d'Espagne pour y occuper les premieres places : honorée avec succès de la confiance des deux plus grands Monarques du monde. Et l'on veut me persuader que le Roi a agi de concert avec une Princesse qui m'a fait traiter avec tant de cruauté ! Je regarde donc ces bruits comme une preuve de la noirceur d'une infâme cabale qui a juré ma perte. C'est ce qui ma déterminée à prier M. de Lanti, (1) mon neveu, d'aller à votre Cour découvrir au Roi tout le mystere de cette surprenante affaire, dont les suites pourroient être

―――――――――――――

(1) M. le Duc de Lanti a les originaux de la plupart de ces lettres. Je tiens la copie que je donne au public, de feu M. le Président de Montesquieu. Dans le Recueil de M. le Duc de Lanti, il y a une lettre de l'an 1709, où il est parlé d'une cabale, mais assez obscurément; une autre du 24 Avril 1713 sur l'éducation d'un Prince, & sur les qualités de son Gouverneur, qui est un chef-d'œuvre ; & quelques-unes où Me. de Maintenon désapprouve fort le crédit qu'on avoit donné en Espagne à M. Orry, & la prétention d'une Souveraineté qui faisoit retarder la signature de la paix avec les Hollandois.

dangereuses, si Sa Majesté n'en coupoit promptement la racine. Il aura l'honneur de vous en faire aussi le détail. Car j'ai trop bonne opinion de vous, Madame, pour soupçonner que vous lui refusiez votre porte. Cet événement est trop singulier pour qu'il vous soit permis de suivre les coutumes établies dans toutes les Cours, de tourner le dos à tous les malheureux. Et d'ailleurs votre grand cœur s'y opposeroit. Vous pourrez le questionner. Il vous rendra bon compte de tout : il a de l'esprit & de la discrétion. Je crains pour mes trois Princes dont on ne ménage pas assez la conservation, & je tremble pour leur pere. J'attendrai les ordres du Roi à St. Jean-de-Luz, où je suis dans une petite maison sur le bord de la mer. Je la vois souvent agitée, & quelquefois calme : voilà les Cours, voilà ce que j'ai vu, voilà ce qui m'est arrivé, voilà ce qui excite votre généreuse compassion. Je conviendrai facilement avec vous, qu'il ne faut chercher la stabilité qu'en Dieu. Certainement on ne peut la trouver dans le cœur humain : car qui étoit plus sûre que moi du cœur du Roi d'Espagne ?

M. le Maréchal de Villeroi, qui ne se vante point de ses bonnes actions, ne vous aura peut-être pas dit qu'il m'a envoyé une lettre de change. Ce procédé répond au reste de ses vertus. Je n'aurois pas fait difficulté de m'en servir, si j'en avois eu besoin. Mais le Roi d'Espagne y avoit pourvu en me dépêchant un courier à Lerma, pour me porter de l'argent. On continue à Bayonne à insinuer, autant qu'on le peut, que le Cardinal del Giudicé est autorisé du Roi dans tout ce qu'il a fait contre l'autorité de Sa Majesté Catholique. Je n'ai point ouï parler de lui, quoique j'ose dire qu'il m'ait dit, & répété cent fois à tout le monde, que sa maison & lui m'avoient des obligations infinies. Le voilà donc du nombre de mes ennemis ! Depuis quatorze ans que j'ai été en Espagne, je puis avancer que je ne m'en suis point fait d'autres que ceux que j'ai connus pour l'être de nos deux Rois. Cependant vous m'avertissez que tout est partagé entre mes ennemis qui triomphent, & mes amis consternés. Les premiers devroient au moins cesser de l'être, s'ils m'envioient ce grand rôle qu'ils prétendoient que je jouois. Ils ne doivent pas néanmoins s'attendre que je sois humiliée de ne le plus représenter : c'est devant Dieu que je le dois l'être, & que je le suis. On me mande que la faveur de l'Abbé Alberoni eft au plus haut point. C'eft le plus grand malheur qui puiffe arriver au Roi. Une infinité de Courtifans indignes & ingrats s'attachent à lui. Dieu les béniffe!

Lettre de la même, de Bordeaux du 5 Février, pleine de remerciments pour M. de Maintenon, de reconnoiffance pour le Roi de France, de craintes pour le Roi d'Efpagne, & d'infinuations malignes contre la Reine, qui court à toute bride, & revient au palais la nuit.

Lettre d'Etampes du 23 Février.

Lettres de Paris, d'Avril & de Mai, pour lui demander une audience, & pour annoncer fon départ pour Rome.

LETTRE XV.

De la même à la même.

Paris, 6 Juin 1715.

J'Ai prié M. le Maréchal de Villeroi de vous faire la lecture d'une Lettre de M. de Torcy, qui me mande mot pour mot ce que le Roi d'Efpagne a répondu au Roi fur le confeil qu'il lui avoit donné de suivre son exemple à mon égard. Je ne reconnois point Sa Majesté Catholique dans ce refus. Et je vois clairement par la maniere dont elle s'explique, si contraire à sa générosité, que cette réponse lui a été inspirée par des ames bien éloignées de connoître la véritable gloire. Aussi me gardé-je bien d'attribuer à ce Prince des sentiments si bas. J'ai mis mes yeux entre les mains de M. de St. Yves : perdre ma vûe & ma faveur, ce seroient trop de malheurs à la fois. Le reste de ma vie ne sera occupé qu'à prier Dieu pour la conservation de mon bienfaicteur, & pour celle de la personne dont le mérite & la vertu m'ont le plus touchée. Reconnoissez-vous, Madame, dans cet éloge; & rendez-vous autant de justice que vous avez accoutumé d'en rendre à tous ceux qui sont connus de vous.

Oserois-je vous demander ce qu'il vous semble de la difficulté que le Pape fait de me recevoir à Rome, la patrie commune de tous les Chrétiens, & que je puis regarder comme ma seconde, puisque j'y ai mon domicile, & que les plus criminels y trouvent d'ordinaire un asyle ? C'est ce qu'on appelle la mesure comble pour moi. Chassée d'Espagne avec indignité,

gnité, accueillie avec bonté du Roi dont j'ai l'honneur d'être sujette, privée néanmoins de la consolation de lui faire ma cour, pressée par mes meilleurs amis de sortir de son Royaume, comme si ma présence y embarrassoit : tout cela, en vérité, Madame, me paroît incroyable ! Et je ne sais comment j'ai des forces pour soutenir un si cruel état. Je n'ai point encore reçu l'argent que le Roi m'a fait la grace d'ordonner qui me soit délivré. Mr. le Maréchal de Villeroi & M. de Torcy m'ont assurée que le Roi veut bien prendre sur son compte que Leurs Majestés Catholiques ne trouveront point mauvais que je me retire chez moi à Rome. Après le refus qu'elles lui ont fait de me donner des marques de quelque gratitude, je ne sais si elles auront cette déférence. Auriez-vous cru, Madame, lorsque vous me conseilliez de ne pas quitter Madrid, que je ne trouverois pas un lieu où mettre le pied ? Que de choses j'aurois à dire là-dessus, que la prudence veut que j'étouffe ! Le bruit court que la Reine d'Espagne vous a écrit, & qu'elle souhaite un commerce avec vous. Je voudrois que vous en fissiez votre amie. Et je me flatte qu'elle n'efface-roit point dans votre cœur l'adorable

Princesse qui l'a précédée, non plus que vos bontés pour moi.

Lettre pour obtenir la permission de prendre congé du Roi.

LETTRE XVI.

De Mad. de Maintenon.

St. Cyr, ce 11 Septembre 1715.

IL faut baisser la tête, Madame, sous la main qui nous a frappées. Je voudrois de tout mon cœur que votre état fût aussi heureux que le mien. J'ai vu mourir le Roi comme un Saint & comme un Héros. J'ai quitté le monde que je n'aimois pas : je suis dans la plus aimable retraite. Et par-tout je serai toute ma vie, &c.

LETTRE XVII.

De Mad. des Ursins.

Beauvoisin, 27 Septembre 1715.

VOs bontés, Madame, m'ont toujours touchée : mais j'ai été attendrie de la maniere dont vous m'exprimez votre douleur. Votre fermeté augmente mon admiration. Et rien ne prouve mieux combien vous méritiez votre état passé, que cette indifférence sur votre état présent. Heureuse qui pourroit vous imiter, car ce monde n'est pas digne de nos regards. Mais il faudroit votre courage & votre vertu. Vous allez vivre avec de saintes Filles qui vous doivent leurs perfections : & moi j'ignore encore où je pourrai mourir.

LETTRES
DES PRINCES
A Mᴇ. DE MAINTENON.

LETTRE I.

Du Roi d'Espagne (1) à Mad. de Maintenon.

Madrid, ce 23 Juin 1701.

JE n'ai jamais douté, Madame, de l'amitié que vous avez pour moi; & j'y suis, je vous assure, très-sensible. Je suis aussi fort obligé au Comte d'Ayen de tout le bien qu'il vous a dit de moi. Mais je ne mérite pas encore tant de louanges. Je ne fais que commencer; & c'est seulement de ma bonne volonté qu'on peut répondre & me savoir quelque gré. J'au-

---

(1) Philippe V, Duc d'Anjou, fils de Monseigneur, né le 19 Décembre 1683.

rois fort grand besoin d'être bien secouru : car j'ai trouvé toutes choses dans un étrange état, & sur-tout mes finances ; & sans elles, on ne peut rien faire. Je vous remercie de la part que vous prenez à mon mariage. Dieu veuille qu'il soit heureux. Je le lui demande tous les jours, & vous prie, Madame, de le lui demander pour moi. Je n'ai pas oublié le Comte d'Ayen sur la Toison que je lui ai promise. Je lui tiendrai ma parole. Faites mes compliments à Madame la Duchesse de Bourgogne. Je lui écrirai une autre fois moins sérieusement, puisqu'elle le veut, & je quitterai la Golille. On ne peut être plus sensible que je le suis à l'amitié que le Roi a pour moi : & quoique je lui écrive fréquemment, je vous prie, Madame, de lui en témoigner mon extrême reconnoissance, le plus souvent que vous pourrez, & d'être persuadée pour toujours de mon amitié & de mon estime.

LETTRE II.

Du même à la même.

Madrid, ce 3 Septembre 1701.

J'Ai appris, Madame, avec bien du chagrin, que vous aviez été malade. Mais comme on m'a mandé en même-temps que vous preniez du quinquina, j'efpere que la fievre vous aura quittée. Je ne doute point que la maladie de Me. la Duchesse de Bourgogne n'ait contribué à votre mal : car je connois la bonté de votre cœur. Pour moi, j'ai été délivré de cette inquiétude, ayant feulement fu qu'elle étoit guérie. Je vous prie de vouloir bien lui en témoigner ma joie. Je vous remercie des foins que vous avez pris pour me procurer le portrait du Roi, que j'attends avec grande impatience. La Duchesse d'Harcourt m'a rendu compte de l'intérêt que vous prenez à ce qui me regarde, & je vous en remercie. Je pars Lundi pour m'aller marier. Je n'ai pourtant point encore de nouvelles du départ de la Reine. Je vous prie, Madame, de compter fur toute mon eftime & fur toute mon amitié.

LETTRE III.

De Me. de Maintenon au Roi d'Espagne.

Septembre 1701.

JE suis confuse & bien reconnoissante de la bonté de Votre Majesté, d'avoir donné un moment d'attention à la maladie que j'ai eue, & de vouloir m'assurer elle-même qu'elle est bien-aise du retour de ma santé. Je puis bien dire avec vérité à Votre Majesté, qu'elle n'a personne plus attachée à elle que je le suis, & que je m'intéresse à ses plus petites affaires, comme aux plus grandes. Son divertissement même ne m'est pas indifférent, & j'avois pris de grands soins de bien instruire M. la Duchesse d'Harcourt, pour qu'elle y contribuât de tout son pouvoir. J'espere que votre Majesté trouvera de la joie avec la Reine, qu'on dit être pleine d'esprit. M. la Princesse des Ursins est très-propre à vous aider à la former. Il ne faut pas que Votre Majesté l'abandonne à faire sa volonté, comme la bonté du Roi a abandonné Madame la Duchesse de Bourgogne, qui a tant mangé

& tant veillé, qu'elle en a été à la mort. Je me souviens que vous disiez un jour dans mon cabinet, qu'il falloit contraindre la jeunesse. Voici le temps de mettre cette maxime en pratique. Ces deux Princesses ont été très-bien élévées & fort retenues ; de sorte que la nôtre s'est livrée à la liberté qu'on lui a laissée, & abusé de son bon tempérament. Mais si sa maladie a dû être regardée comme un effet du déréglement de la vie qu'on faisoit, elle a d'ailleurs été bien glorieuse à notre Princesse, qui y a montré toute la Religion qu'on pouvoit desirer. Elle voulut se confesser, & le fit dans des dispositions & avec un courage & une résignation que son âge ne promettoit pas. Sa raison & sa patience n'étoient pas moins surprenantes dans un naturel si vif. Mais il ne faut pas parler de mort, sans dire à Votre Majesté, qui l'aura bien appris d'ailleurs, que nous en venons de voir une qui a dû réjouir le Ciel, & qui a édifié tous ceux qui en ont été témoins. Je ne parle pas seulement des gens de bien, mais les plus libertins de la Cour ne voyoient pas le Roi d'Angleterre sans étonnement. Il a été six jours sans qu'on pût rien espérer pour sa vie. Tout le monde le voyoit : il communia deux fois ; il parla à son fils, à ses domestiques Catholiques, aux Protestants, à notre Roi, à la Reine, & à toutes les personnes de sa connoissance : mais tout cela avec une présence d'esprit, une paix, une joie, un zele, une fermeté, une simplicité dont tout le monde revenoit charmé. Quand on ouvrit son corps, les Médecins & les Chirugiens prenoient quelque chose pour en faire des Reliques : les Gardes trempoient leurs mouchoirs dans son sang : les autres faisoient toucher leurs chapelets. Je crains d'abuser de la patience de Votre Majesté, à qui l'on a peut-être mandé toutes ces particularités. Votre piété, Sire, vous les fera goûter. Nous savons qu'elle la conserve ; & qu'elle ne perd pas d'occasions d'en donner des marques. Je n'ai point d'avis à donner à Votre Majesté. Il ne revient d'elle qu'une conduite qui passe tout ce qu'on pouvoit en attendre. Nous n'avons à lui souhaiter qu'un peu plus de secours, jusqu'à ce qu'elle puisse tout faire par elle-même. Le Roi voit avec beaucoup de peine que le Duc d'Harcourt ne revient point de sa maladie : c'est un homme à conserver. Vous savez les services qu'il vous a rendus, & nous connoissons votre reconnoissance. J'espere que le portrait du Roi partira bientôt : nous n'en avons point qui en approche. Tout le monde, Sire, vous porte ici dans son cœur : on passe bien des heures à parler de Votre Majesté, & l'on envie le bonheur de l'Espagne. Dieu veuille qu'elle le connoisse, & combler Votre Majesté de toutes sortes de bénédictions!

MAINTENON.

LETTRE IV.

Du Roi d'Espagne à M. de Vendôme.

Ce 2 Juin.

MOn Cousin, j'ai appris par votre lettre, & par ce que m'a dit le Comte de Colnero, les mouvements que vous vous donnez pour entrer en campagne. Je ne m'en donne pas moins de mon côté pour vous aller joindre au plutôt; & si des affaires très-essentielles que j'ai ici ne me retenoient, jointes à l'arrivée du Légat que j'attends, je serois déja parti : car j'appréhende que vous ne battiez les ennemis avant que je sois arrivé. Je vous permets pourtant de secourir Mantoue : mais demeurez-en-là, & attendez-moi pour le reste. Rien ne peut mieux vous marquer la bonne opinion que j'ai de vous, que de craindre que vous ne fassiez trop pendant mon absence. Je compte de me rendre à Final à la fin du mois. Assurez tous les Officiers François de la joie que j'aurai de me trouver à leur tête, & soyez bien persuadé de mon estime pour vous.

LETTRE V.

Du Roi d'Espagne à Mad. de Maintenon.

A Buen-Retiro, ce 17 Juin 1703.

JE suis bien fâché, Madame, après avoir été si long-temps sans vous écrire, de recommencer dans une occasion qui vous est douloureuse, puisque c'est pour vous témoigner la part que je prends à la perte sensible que vous avez faite (de M. le Comte d'Aubigné). Je vous ai trop d'obligations pour ne me pas intéresser vivement à tout ce qui vous touche. Vous savez que je ne suis pas homme à faire de longs compliments ; mais je me pique d'être vrai & d'avoir un bon cœur. Ce sont deux qualités que vous avez reconnues & cultivées en moi : ainsi vous devez être sûre, puisque je vous le dis, que personne au monde ne vous estime plus que je le fais, ni ne vous aime plus parfaitement que PHILIPPE.

Lettre de la Reine d'Espagne sur le même sujet.

LETTRE VI.

De la Reine d'Espagne (1) *à Mad. de Maintenon.*

Madrid, ce 24 Mai 1704.

Vous me laissez si long-temps sans me donner de vos nouvelles, que je ne puis m'empêcher de vous écrire pour vous en demander. Donnez-moi en tout vos conseils : j'en ai toujours eu besoin, mais beaucoup plus présentement. Je crois que vous ne doutez pas de l'affliction où je suis depuis le départ de la Princesse des Ursins. J'ai été fort touchée de voir qu'on m'ôtoit si cruellement une personne

___

(1) Marie-Louise-Gabrielle de Savoye, seconde fille de Victor-Amédée II, mariée par Procureur à Turin, le 11 Septembre 1701, morte à Madrid le 24 Février 1714.

qui étoit fort éloignée de mériter ce traitement, non-seulement par sa qualité & par l'amitié que le Roi & moi avions pour elle, mais aussi par sa conduite dont je suis témoin. On ne sauroit avoir plus de zele qu'elle en a pour tout ce qui regarde le Roi mon grand-pere, & on l'a pu connoître en beaucoup d'occasions. Enfin, je vous assure qu'il est bien cruel d'être sacrifiée à une cabale de mal-honnêtes gens, qui n'ont pour objet que leurs intérêts, & pour guides que leurs passions. Si je commence cet article, je ne le finirai pas sitôt : ainsi il vaut mieux le laisser, & vous prier d'écouter le Chevalier du Bourg qui vous rendra cette lettre, & qui a été témoin de tout ce qui s'est passé. Vous pouvez croire tout ce qu'il vous dira : c'est un homme vrai. Pour moi, je ne vous demande autre chose, si ce n'est que vous contribuiez à détromper le Roi mon grand-pere sur le sujet de la Princesse des Ursins, qui est assurément fort innocente. Je me flatte que vous voudrez bien le faire, non-seulement parce que c'est rendre témoignage à une pauvre innocente qui est accusée fort injustement, mais aussi parce que vous ne sauriez me faire un plaisir plus sensible. Faites, au nom de Dieu, que nous vous le devions, & que je puisse vous compter au nombre de mes amies! Pour moi, j'y suis fort portée, ayant pour vous une estime & une amitié qui dureront autant que ma vie.

LOUISE.

LETTRE VII.

De la même à la même.

Madrid, ce 1 Novembre 1704.

Votre commerce m'est trop agréable & trop utile, pour ne le pas continuer; & quoiqu'il soit tard, je ne puis laisser partir ce courier sans vous écrire. Je commencerai par vous remercier de la visite que je sais que le Maréchal de Tessé a faite à la Pr. des Ursins. Car quoique je ne sache point encore de quoi il étoit chargé, ce n'est apparemment pour rien de mauvais. Je vous dirai, encore une fois, ce que je desire touchant cette Dame, qui est, qu'on connoisse son innocence; qu'on lui donne quelques marques publiques de la bonté du Roi mon grand-pere, qui rajuste l'affront public qu'on lui a fait : & enfin, qu'on la laisse aller à la Cour. Je suis sûre que le Roi lui rendroit bientôt la justice qu'elle mérite, s'il vouloit bien l'entendre. C'est ce qu'il faut que vous fassiez. Je vous donne une belle occasion de montrer que vous aimez à protéger l'innocence opprimée. On l'a vu jusqu'ici. Je crois qu'on ne le verra pas moins cette fois, & que vous me donnerez cette consolation. Vous direz, peut-être, que dans toutes mes lettres, je vous dis toujours la même chose : je l'avoue. Mais à vous dire vrai, l'affaire en question me tient tant à cœur, qu'il me semble que je ne puis assez vous en parler. Mais pourtant il faut me taire pour vous prier en confidence de me mander une chose, qui est, si je dois écrire souvent ou rarement au pays où vous êtes, c'est-à-dire au Roi mon grand-pere, à Monseigneur, & à M. le Duc de Bourgogne. Si je suivois mon goût, j'écrirois sans cesse, sur-tout au premier. Mais quand il n'y a rien de nouveau, je n'ose le faire, de crainte d'importuner. Faites-moi donc le plaisir de me mander de quelle maniere je dois me conduire pour leur plaire, & pour leur marquer les sentiments vifs & sinceres que j'ai pour eux. Vous pouvez croire que je serai ravie de suivre tous les conseils que vous prendrez la peine de me donner, & que je les regarderai toujours comme venant d'une personne que je compte au nombre de mes amies. Ne craignez pas, comme vous me marquez dans votre lettre, fre, de vous rendre importune. Cela n'est pas facile, quand on a de l'esprit, & par-dessus cela, qu'on a pour vous autant d'amitié que j'en ai.

P. S. Bonne nouvelle. Enfin, le Roi mon grand-pere a accordé à la Pr. des Ursins d'aller à la Cour. Je vous en remercie très-fort, & vous prie d'en bien marquer ma reconnoissance au Roi. Après que vous aurez eu quelques conversations avec la Pr. des Ursins, je vous prie de me mander comment vous l'avez trouvée, & si elle a raison ou tort dans tout ce qu'elle vous dira.

LETTRE VIII.

De la même à la même.

Madrid, ce 28 Novembre 1704.

JE vous ai déja marqué ma joie sur la permission que la Pr. des Ursins a eue d'aller à Paris. Mais je ne puis m'empêcher de vous la répéter par un courier exprès que j'envoye à mon grand-pere, pour le remercier de tant de graces qu'il me fait. Car tout ce qui est pour la Pr. des Urfins, je le prends pour moi. En vérité, je fuis charmée de l'amitié dont ce grand Roi m'honore, & j'ofe avancer que je la mérite par les fentiments que j'ai pour lui. J'ai reçu ce matin votre lettre du 16 de ce mois, où vous me marquez ne pas accepter ma confiance, à caufe, dites-vous, que vous ne pouvez pas me fervir. Quoique vous en difiez, je veux vous la donner : & certainement, fi vous voulez, vous pouvez m'être fort utile. Vous ne pouvez pas me refufer vos confeils : quand on a votre efprit & votre fageffe, on voit les chofes de loin. Je n'ai point befoin, je vous affure, du témoignage de la Pr. des Urfins pour avoir bonne opinion de ma fœur, ni pour l'aimer tendrement : vous ne fauriez croire combien je fuis aife de ce qu'elle m'écrit fouvent : enfin, croyez que tout ce qui vient d'elle m'eft très-agréable. Comme j'ai plufieurs lettres à écrire ce foir, je ne faurois vous parler de plufieurs chofes que je fouhaiterois. Je les remets à une autre fois : & par celle-ci je ne ferai plus que vous prier de nouveau de vouloir être de mes amies.

LETTRE IX.

De la même à la même.

Madrid, ce 19 Décembre 1704.

Vous savez que je m'adresse à vous dans toutes les choses que je souhaite, & que je crois nécessaires au service des Rois. La Princesse des Ursins s'est toujours flattée de trouver grace auprès de vous, dont elle m'a tant de fois, par mille traits aimables, fait connoître la justice & la bonté. Je vous prie avec les dernieres instances, de lui en donner les assurances sans réserve, en obtenant du Roi mon grand-pere son retour ici. Je serai ravie de devoir à votre amitié cette grace que je prends toute sur mon compte. La Princesse des Ursins peut vous dire le cas que j'en fais. Je conjure ma sœur de joindre ses prieres aux miennes : & je lui marque une seule raison sur l'importance de laquelle vous jugerez aisément de celle du retour de la Princesse des Ursins. Comme je ne doute pas que ma sœur ne vous montre ma lettre pour prendre les mesures que vous jugerez à propos, je ne vous dis pas toutes les raisons qui me rendent la préfence de la Princeffe des Urfins néceffaire. Vous avez tant d'efprit, que je n'ai pas befoin de vous les expliquer. Mais je ne doute nullement que vous ne faffiez tout ce que vous pourrez pour que cette grace me foit accordée. Croyez que j'y ferai toujours fort fenfible, & que j'ai & aurai pour vous une eftime & une amitié infinies.

P. S. Je vous envoye une lettre que le Roi vous écrit, par laquelle vous verrez que cette affaire ne lui tient pas moins à cœur qu'à moi.

LETTRE X.

De la même à la même.

Madrid, ce 16 Janvier 1705.

JE vis, l'ordinaire dernier, dans quelques nouvelles, que vous étiez un peu incommodée. Je m'intéreffe trop à vous, pour ne vous en pas marquer mon inquiétude. Croyez que tout cela ne font point compliments, mais chofes qui fortent de mon cœur. Je me flatte avoir bientôt une nouvelle raison de vous aimer, en apprenant que le Roi mon grandpere m'aura accordé la grace que je lui ai demandée sur la Princesse des Ursins. Car je vous assure que rien ne me fera tant de plaisir par mille raisons, mettant à part les principales qui regardent le service des deux Rois. Je vous dirai que je suis persuadée que si vous étiez témoin de la vie que je mene, vous n'oublieriez rien pour le retour d'une femme qui peut la changer. Il est vrai que quand je suis avec mon cher Roi, je n'ai besoin de personne pour me consoler d'être dans un pays tel que celui-ci. J'oublie alors toutes mes peines. Mais de tout le jour vous pouvez compter que je ne suis pas deux heures avec lui. Il est continuellement occupé par ses affaires, par la chasse, son unique divertissement. Ainsi je passe ma vie seule tout le jour, seule dans ma chambre. La Princesse des Ursins vous dira combien les Espagnoles sont divertissantes; & vous jugerez que je n'ai pas tort d'aimer mieux être seule qu'avec elles. Vous connoissez aussi l'esprit & l'humeur agréable de cette Princesse. Elle m'amusoit fort quand elle étoit ici. Elle m'adoucissoit le joug où je suis condamnée. Ainsi, quand ce ne seroit que par pitié, vous êtes obligée en conscience de demander fortement au Roi de me la renvoyer vîte. Mais cette raison n'est rien en comparaison de toutes les autres qui seroient trop longues à dire.

LETTRE XI.

De la même à la même.

Madrid, ce 22 Janvier 1705.

Quelle obligation ne vous ai-je point, Madame, de la grace que je viens d'apprendre en ce moment, que le Roi mon grand-pere m'a accordée de laisser revenir en ce pays-ci la Princesse des Ursins ? Je ne doute pas que vous n'y ayez eu beaucoup de part. Mes sentiments sur cela sont inexprimables. Ce qu'il faut que vous fassiez à présent, c'est de presser la Princesse de venir le plutôt qu'elle pourra, quoique je croye qu'elle fera toutes les diligences possibles. Je suis charmée de mon grand-pere : il faut avouer que c'est un grand Roi, & qui sait rendre justice à qui la mérite ! Je voulois vous dire sur tout cela mille choses : mais je suis si aise, que je ne sais ni ce que je fais, ni ce que je dis.

Lettre de même date du Roi d'Espagne à Mad. de Maintenon, sur le même sujet.

LETTRE XII.

De la même à la même.

IL est, je crois, temps que je réponde à votre lettre du 22 Février. Vous aurez su par ma sœur la raison pourquoi je ne l'ai pas fait plutôt. Je vous avoue qu'il faut une meilleure plume que la mienne pour soutenir un commerce où vous mettez tant d'esprit & de sentiment. Je n'ai pas eu peu de plaisir de voir comment vous parlez de la Pr. des Ursins. La tendresse que j'ai pour ma sœur est si grande, qu'on ne la sauroit exprimer. Je crois que je mourrois de joie, si je la revoyois une fois en ma vie. La Pr. des Ursins peut vous dire tous les projets que j'ai faits pour arriver à ce bonheur, qui, au pis aller, comme vous dites, sera au mariage de mon neveu. Il est vrai que je ne serois pas fâchée d'avoir des enfants, par toutes les conséquences favorables que la fécondité des Reines porte après elle. Mais aussi je vous avoue que je ne suis point fâchée de n'avoir point encore commencé. Je n'en souhaite que très-peu. Car, quoique je n'aye pas encore éprouvé, comme ma sœur, ce que c'est qu'une grossesse & des couches, je comprends fort bien que cela n'est pas assez bon, pour être tentée d'y revenir souvent. Il faut à cette heure que je vous gronde un peu touchant le manger de ma sœur dont vous me parlez. Pourquoi ne la grondez-vous pas ? Pour moi, je mange peu & des choses qui ne puissent pas me faire de mal. Je vous assure que, sur la demande que vous avez faite à la Pr. des Ursins qu'elle vous dise mes défauts, elle a plus à vous répondre que quand vous lui demanderez mes vertus, qui sont, pour mon malheur, en très-petit nombre. Je vous assure que je ne souhaite pas moins que vous, la prise de Gibraltar & de Verue : car j'en connois l'importance. Vous me demandez de quoi vous pouvez m'entretenir pour me divertir : je vous dirai que je trouverai bon tout ce qui viendra d'une personne que j'estime & aime autant que vous. Mais, au nom de Dieu, écrivez-moi souvent ! Je ne veux point vous incommoder ; mais croyez que vous ne sauriez me faire un plus grand plaisir : que vos lettres soient gayes, qu'elles soyent tristes, elles me seront toujours agréables, aussi-bien qu'au Roi, qui a pour vous des sentiments tels que vous pouvez desirer, & qui n'a pas été moins charmé de votre lettre que moi. Vous ne me faites pas un petit plaisir en me parlant de la passion que M. le Duc de Bourgogne a pour ma sœur. Car, selon moi, une femme ne sauroit être heureuse, si elle n'aime son mari, & si elle n'en est aimée. Ainsi je suis ravie que cela soit dans une personne que j'aime plus que moi-même. Comme je vous regarde comme une de mes meilleures amies, je ne puis m'empêcher de vous marquer l'extrême inquiétude où je suis, depuis que j'ai appris que la Princesse des Ursins a eu la fievre double-tierce : ce qui me fait attendre les couriers avec une très-grande impatience. Mes lettres doivent-elles être gaies ou tristes ? Conduisez-moi : car, à tout prix, je veux plaire. Vous avez beau dire que de trois cents lieues on ne sauroit guider personne. Je sais que vous avez les yeux très-bons. Donnez-moi donc cette marque d'amitié. Car, malgré mes bonnes intentions, malgré l'envie de me faire une réputation irréprochable, je ferai mille fautes, si vous ne m'aidez de vos conseils. Souvenez-vous de qui je suis sœur. Souvenez-vous de

qui

qui je suis fille. Souvenez-vous combien je suis votre amie.

LETTRE XIII.

Du Roi d'Espagne à Me. de Maintenon.

Madrid, ce 16 Septembre 1707.

LA Princesse des Ursins m'a montré une lettre de vous, Madame, où vous m'accusez d'avoir de la sécheresse, de n'être point flatteur, & de ne me ressouvenir d'aucune Françoise. Je vous passe le reproche sur la flatterie; car il est vrai que je n'en ai guere. Je ne sais si je parois plus sec dans mes discours, que je ne le suis en effet par mes sentiments. Mais je ne me sens pas coupable d'oublier les Dames qui se ressouviennent de moi. Je les ai cru plus occupées des divertissements & des plaisirs de la Cour où elles se trouvent, que des affaires désagréables & importantes que j'ai presque toujours eu depuis le commencement de mon regne, jusqu'à cette heure. Et je ne me suis guere senti en humeur de badiner de Madrid, comme j'avois commencé à faire avec ces Dames, lorsque je partis de Versailles. Toutes choses ont leur temps, Madame : je deviendrai gai, quand j'aurai sujet de l'être : & je ne répondrois pas, si je puis une fois être assez heureux pour chasser mes ennemis de mes Royaumes, que je n'allasse en quelque endroit de France, remercier le Roi mon grand-pere de m'en avoir donné les moyens. C'est-là, Madame, où je prétends renouveller toutes mes anciennes connoissances, & jouer à colin-maillard, & à tel autre jeu qu'il plaira à Madame la Duchesse de Bourgogne & aux femmes de la Cour. Pour vous, avec qui je voudrois avoir un commerce dès à présent, par l'agrément que j'y trouverois en toute maniere, trouvez bon que je vous dise qu'il ne tiendra pas à moi. Je l'avois commencé autrefois à Barcelone, mais il me parut un peu languissant de votre côté. Je crus, à vous parler franchement, que vous vous en souciiez assez médiocrement. J'en jugerai mieux par la réponse que je vous prie de me faire : si elle est telle que je la desire, vous connoîtrez, Madame, combien j'estime tout ce qui part de vous. Mais quoi qu'il en puisse être, j'aurai toujours une extrême reconnoissance de vos bons offices auprès du Roi mon grand-pere ; &

vous aurez en moi un fort véritable ami, qui saura toujours rendre justice à votre mérite.

LETTRE XIV.

De la Reine d'Espagne à Mad. de Maintenon.

Madrid, ce 2 Octobre 1707.

IL y a bien long-temps, ma chere Madame, que je ne vous ai écrit. Je me flatte que vous n'en comptez pas moins sur mon amitié : j'ai été dans deux états qui ne me permettoient guere d'écrire : mais je ne puis être davantage à recommencer un commerce qui m'est si agréable : & je suis bien-aise de vous faire remarquer que c'est vous qui l'avez laissé tomber, & moi qui veut le rétablir : c'est une marque que je m'en trouve mieux que vous : avouez-le-moi au moins de bonne foi. Je n'en suis pas surprise : je suis dans la solitude que je trouve partout également, soit à Madrid, soit à Retiro, qui est le plus grand voyage que je fasse : & vous, Madame, vous êtes entourée de toutes sortes de plaisirs. Et quoique vous les goûtiez assez médiocrement, & que la solidité de votre esprit & de votre piété vous occupe souvent de choses plus solides & moins divertissantes, vous ne laissez pas pourtant, étant dissipée par des occupations de toutes sortes d'especes, d'avoir moins de temps à me donner, que je n'en ai à vous faire part de ce qui me touche. N'est-ce pas, ma chere Madame, me mettre à la raison ?

Croyez-vous de bonne foi que je tâte de l'excuse que vous m'avez quelquefois donnée, d'être embarrassée du commerce que vous avez avec moi, parce que vous ne savez, dites-vous, de quoi remplir vos lettres ? Si j'avois assez de bonté pour vous passer une telle raison, je ne mériterois guere que vous voulussiez prendre la peine de me donner de vos nouvelles : & vous ne devriez pas faire grand cas de l'amitié d'une personne qui jugeroit si mal de votre esprit. J'en ai suffisamment pour connoître & pour admirer le vôtre. Il suffit que vous vouliez bien dire quelque chose, pour qu'on prenne plaisir à l'entendre : il y a un tour singulier & aimable dans toutes vos expressions. Ainsi, ma chere Madame, il n'est pas nécessaire que j'aye une plus grande connoissance de la Cour où vous êtes, pour que vous me fassiez part de mille bagatelles, qui ne laissent pas d'être curieuses à savoir. Elles seront plus de mon goût, je vous assure, que les grandes nouvelles, dont je n'ai que trop souvent la tête remplie. Nous attendons incessamment celle de la prise de Lerida : tout ce que mon oncle fait paroît fabuleux. Il viendra ici, d'abord qu'il aura fait cette conquête, faire la cérémonie du Baptême de mon fils. Je crois qu'il le trouvera beau. Si j'en voulois croire ma sœur, il le seroit moins que mon neveu. Car elle me parle de son fils, comme s'il n'y en avoit pas un si merveilleux. Quelque complaisance que j'aye pour elle, je ne puis en convenir, le Prince des Asturies n'ayant aucun défaut, & son visage étant tout rempli d'agréments. Personne ne le voit sans en être charmé : & la Princesse des Ursins, qui n'est point du tout accoutumée aux complaisances fades, me dit tous les jours que toute sa frayeur est qu'on ne vienne à idolâtrer ce Prince. Sa santé continue à être parfaite. Je voudrois bien que celle de ma sœur pût soutenir tout ce qu'elle fait. Elle m'a mandé que rien n'étoit si bon pour se bien porter que les divertissements, & que je ne me misse point en peine des fatigues qu'elle prenoit. Il me semble qu'elle & M. le Duc de Bourgogne se tiennent assez passablement à table à leur dîné, & à leur retour de chasse. Moi, qui crois avoir bien soupé, quand j'ai mangé une alouette, je ne sais comment je pourrois tenir une bonne contenance, si j'étois admise à leur compagnie. Je crois qu'ils m'en trouveroient bien indigne, ne buvant pas plus à proportion que je mange. Je n'aurois pour consolation que le suffrage de M. Fagon. J'espere qu'il mettra toute son application à nous choisir de bons Médecins. Il est trop honnête pour nous tromper, & trop habile pour l'être lui-même. Vous en conviendrez sans doute ; c'est une bonne approbation que la vôtre. Je m'estimerai fort heureuse de l'avoir, puisque je serai sûre que vous y joindrez votre estime.

LETTRE XV.

De la même à la même.

Ce 21 Avril 1709.

Mon fils fut hier reconnu héritier présomptif de la Monarchie d'Espagne par les Etats du Royaume ; & en cette qualité, le Clergé, tous les Grands, les Officiers de la Couronne, la Noblesse, & les Députés des Villes qui ont droit d'assister aux Etats, lui jurerent fidélité, lui rendirent hommage, & lui baiserent la main. Le Cardinal Portocarrero officia & reçut le serment. Le Patriarche des Indes, Grand-Aumônier, donna la Confirmation à mon fils, parce que c'est la coutume de confirmer les Princes ce jour-là, lorsqu'ils n'ont pas reçu ce Sament. Le Cardinal Portocarrero lui servit de parrein, & le Duc de Medina-Celi reçut l'hommage. Cette cérémonie dura trois heures : l'assemblée étoit très-nombreuse : & tout se passa néanmoins avec tant d'ordre & un si profond respect, que je n'en fus pas moins surprise que contente, aussi-bien que des expressions vives & tendres avec lesquelles chaque particulier témoignoit sa joie, & celle de tout le Royaume en nous baisant la main. Sur les neuf heures & demie, nous descendîmes, le Roi, mon fils & moi, dans l'Eglise de St. Jerôme, que nous trouvâmes magnifiquement parée & remplie de tous ceux qui avoient droit d'y entrer par leurs charges, ou comme membres des Etats. Le Roi étoit accompagné des grands Officiers de la Couronne. J'étois suivie de quatorze Dames, toutes Grandes, ou mariées à des fils aînés de Grands, que j'avois choisies dans les premieres maisons d'Espagne. Mon fils étoit porté par la Princesse des Ursins : c'étoit à elle, comme Camarera-major, à tenir ma queue : mais faisant la charge de gouvernante du Prince, le Comte d'Aquillier, Capitaine des Gardes, prit sa place, parce que si j'avois nommé une Dame, toutes les autres auroient été au désespoir de cette préférence. Dès que nous arrivâmes sous notre dais, la cérémonie commença par le *Veni Creator*. Pendant toute la Messe, mon fils fut d'une sagesse & d'une gayeté qui attiroit l'attention de tout le monde. Il baisa l'Evangile & la Paix comme une personne raisonnable. Mais lorsqu'on le porta à l'Autel pour le confirmer après la Messe, il commença à être fâché de s'éloigner de moi, & le bandeau qu'on lui mit acheva de le mettre de mauvaise humeur. Cela dura peu : car dès qu'il fut revenu auprès de moi, ses pleurs cesserent. Chacun vint ensuite, suivant son rang, prêter serment & rendre hommage. Plus de deux cents personnes baiserent la main de mon fils, qu'il donnoit lui-même très-gracieusement, & avec beaucoup plus de patience qu'on ne devoit en attendre d'un enfant qui n'a pas encore vingt mois. Sur la fin, cependant, on fut obligé d'appeller sa nourrice. Mais, en tettant, il donnoit sa main à baiser, tout comme auparavant, d'une maniere pourtant qui sembloit demander si cela ne finiroit jamais. Après le *Te Deum*, nous passâmes à notre appartement dans le même ordre & avec la même suite. Les peuples n'ont pu donner plus de marques de leur zele & de leur amour pour nous, qu'ils ont fait en cette occasion. La Cour étoit magnifique : & je crois qu'il ne s'est jamais vu de fête, ni mieux réglée, ni qui ait fini avec une satisfaction si générale.

LETTRE XVI.

Du Roi d'Espagne à Me. de Maintenon.

Madrid, ce 3 Juillet 1709.

JE vous écris, Madame, aujourd'hui, pour vous prier de demander instamment au Roi mon grand-pere, que le Duc d'Albe n'apprenne ni de lui, ni de ses Ministres, les négociations dont j'avois chargé le Comte Bergueik, parce que j'ai laissé à ce Comte la liberté de communiquer à mon Ambassadeur cette affaire, quand il jugeroit à propos de le faire. Ainsi vous en voyez la conséquence, pour éviter des mal-entendus entre ces deux Ministres, qui demanderoient des éclaircissements très-désagréables. Je ne puis m'empêcher de m'adresser à une aussi bonne amie que vous dans toutes sortes d'occasions. C'est une marque, Madame, de la confiance, de l'estime & de l'amitié que j'ai pour vous, qui ne peuvent être ni plus grandes, ni plus sinceres.

LETTRE XVII.

De la Reine d'Espagne à Mad. de Maintenon.

Corilla, ce 9 Octobre 1711.

LA Princesse des Ursins ne pouvant vous écrire ce soir à cause du peu de temps que nous donne un homme qui va à Paris pour ses affaires particulieres, j'ai voulu me charger de vous apprendre une nouvelle qui, j'espere, vous fera quelque plaisir. C'est l'embarquement de l'Archiduc, qui s'est fait le 27 du passé, & le même jour sa flotte a disparu de la vue de Barcelone. L'Archiduchesse y est restée : mais je ne laisse pas que de croire que le départ de ce Prince nous sera favorable. Je laisse à ma sœur à vous dire les nouvelles de notre armée, n'ayant que le temps de vous assurer, ma chere Madame, que quoique je ne vous écrive pas trop souvent, je ne vous en estime, ni en aime pas moins : mais c'est que je suis persuadée, avec beaucoup de raison, que mes lettres ne feroient que vous importuner. Il faut pourtant que je vous dise encore que je suis charmée d'avoir appris par ma sœur, que vous êtes contente du Roi. Je suis sûre que vous le seriez encore davantage, si vous le pouviez voir de près, & bien connoître ses véritables sentiments pour le Roi son grand-pere. Ils sont tels qu'ils doivent être, & tels que vous pourriez les demander.

LETTRE XVIII.

De Mad. de Maintenon à la Reine d'Espagne.

1711.

IL est bien triste & bien humiliant de ne recevoir qu'une Lettre de Votre Majesté ! Il faut pourtant vous remercier d'avoir bien voulu suppléer à Me. la Princesse des Ursins. En vérité, Madame, vous devriez vous contenter d'être adorée en Espagne, sans vouloir encore nous charmer ici, nous qui le sommes déja tant de Madame votre sœur. Je n'avois jamais cru que ce fût la crainte de m'importuner, qui empêchât des Reines de m'écrire. Je ne mérite un tel commerce par aucun endroit. Je suis une pauvre vieille qui n'est plus bonne à rien, & qui partira bientôt. Mais jusqu'à ce moment-là, je ne céderai à qui que ce soit sur l'ardent attachement dû à Votre Majesté. Il est vrai que j'ai été ravie de vous voir donner la main à ce qui peut donner le repos à l'Espagne & à la France, & d'une maniere toute pleine de confiance pour notre Roi, que Votre Majesté aimeroit mille fois plus, si elle le connoissoit.

LETTRE XIX.

De la Reine d'Espagne à Mad. de Maintenon.

Retiro, ce 26 Septembre 1712.

JE crois que vous ferez bien étonnée, ma chere Madame, de recevoir une de mes lettres, y ayant si long-temps que je ne vous ai écrit. Mais je vous avoue que depuis les terribles malheurs que nous avons eus, je n'en ai jamais eu le courage. La cruelle perte! il faut si peu de chose pour renouveller toute ma douleur! Je craignois aussi la même chose pour vous. Enfin, il faut me vaincre, pour que vous ne m'accusiez, ni de paresse, ni d'inconstance : car assurément vous me trouverez toute ma vie une de vos meilleures amies. N'en doutez pas, je vous prie, & ayez toujours un peu d'amitié pour moi. Le départ de la Princesse des Ursins me donne encore une nouvelle raison pour vous importuner de mes lettres pendant son absence. La santé de notre petit Dauphin m'est bien précieuse : je le regarde, je l'aime, comme s'il étoit mon propre fils. J'espere fort que les eaux de Bagnieres guériront entiérement Me. des Ursins des incommodités qu'elle a. Mais vous pouvez bien croire qu'il a fallu une raison aussi forte que celle de sa santé pour me faire consentir à une absence de trois mois. Nous avons été ici bien sensibles à l'heureux changement arrivé en Flandres. Je m'en réjouis avec vous. Mais chaque bonne nouvelle me rappelle un triste souvenir de la joie qu'en auroit eue ma pauvre sœur. Je vois bien qu'au-lieu de vous égayer, comme je voudrois toujours faire, je prends le chemin de nous affliger ensemble, &c.

LETTRE XX.

De la même à la même.

Retiro, ce 16 Novembre 1712.

JE me réjouis, avec vous, ma chere Madame, de la réduction de Bouchain, dont la nouvelle est venue par le dernier courier. Voilà la campagne finie très-heureusement & bien glorieusement pour le Maréchal de Villars! On doit être bien content de lui. J'espere que je n'aurai plus de pareils compliments à vous faire, & que la conclusion de la paix sera assez à temps, pour qu'il ne soit plus question de campagne l'année prochaine. Cette derniere doit, ce me semb'e, faire changer de langage aux Hollandois : & en ce cas, l'Archiduc seroit bien embarrassé, se voyant si seul. Il faudroit bien qu'il prît aussi son parti. Nous n'avons pas été de ce côté-ci si heureux que vous l'avez été en Flandres : car notre siege de Campomajor a mal fini, le Marquis de Bay ayant été obligé de le lever. Mais il ne faut pas pour cela, s'il vous plaît, changer de conduite avec les Portugais. Ce contre-temps ne nous donne aucune crainte pour l'avenir : & en prenant de bonnes mesures, il y a tout à espérer avec eux. Les troupes Angloises sont encore en ce pays-là avec les nationales. Nous nous en sommes plaints à Mylord Lexington. Il a écrit sur cela au Commandant Anglois, qui lui répond qu'il n'a point reçu d'ordre de la Reine d'Angleterre. Vous m'avouerez que cela est bien surprenant, au bout de deux mois qu'on a publié & exécuté par-tout ailleurs une suspension d'armes. Vous apprendrez par M. de Bonnac, ma chére Madame, ce qui se passa hier, dont il fut lui-même témoin. Ainſi il eſt inutile que je vous en faſſe un grand détail. Je vous dirai ſeulement que le matin, le Roi fit faire la lecture de l'acte de ſa renonciation à la Couronne de France, avec toutes les clauſes qu'on y a ſouhaitées, le ſigna, & jura ſolemnellement de le garder, ayant nommé pour témoins tous les Chefs de nos maiſons, & les Conſeillers d'Etat. L'après-dîné ſe fit l'aſſemblée de tous les Etats du Royaume, dans une grande & belle chambre, remplie de beaucoup de monde, bien parée, mais pourtant ſans confuſion. Le Roi commença par faire un diſcours, dont il s'acquitta parfaitement bien, & dont l'aſſemblée fut fort contente. Car ſi ce n'étoit que moi, vous ne voudriez peut-être pas vous y fier. Enſuite on lut un papier où l'on diſoit & marquoit plus au long la raiſon pour laquelle le Roi aſſembloit les Etats, & tout ce dont on eſt d'accord avec la France & avec l'Angleterre, pour parvenir à une bonne paix. Après cette lecture, un Député de la Ville de Burgos prit la parole pour tout le Royaume, & fit une réponſe au Roi, pleine de tous les ſentiments qu'on peut ſouhaiter d'eux, & ſur-tout d'une reconnoiſſance extrême, à la vue du grand sacrifice que le Roi faisoit pour l'amour de ses Sujets. Je regrettai bien en l'entendant parler, que Mylord Lexington ne fût pas l'Espagnol : car il me sembloit qu'on ne pouvoit pas lui bien traduire ce que ce Député disoit ; & il auroit vu une nation qui sait aimer ses Rois. Les Etats s'assembleront présentement entr'eux pour conclure tout ce qu'ils ont à faire, & passer pour loi la renonciation du Roi, & puis celle qui doit venir des Princes de France. Il y auroit bien de quoi s'entretenir sur un pareil sujet ; mais je ne le fais déja que trop longuement. J'y ajouterai pourtant encore, que le Roi espere que cela va continuer & avancer le repos de l'Europe, sur-tout celui de la France & de son grand-pere, qu'il souhaite si passionnément. Pour y parvenir, vous voyez tout ce qu'il a sacrifié. J'attends la Princesse des Ursins à la fin de ce mois : elle est partie le 27 de Bagnieres. Vous croirez aisément que je ne serois pas indifférente au plaisir de la revoir, & en aussi bonne santé que celle que ses eaux lui ont donné. Tout Madrid est rempli depuis assez long-temps de petite-vérole, qui ne laisse pas de me faire peur : mais, grace à Dieu, jusqu'à présent mes enfants se portent parfaitement bien. Le petit ne m'a pas donné un moment d'inquiétude depuis qu'il est au monde. Je suis ravie chaque fois qu'on me mande que notre petit Dauphin se porte bien. Dieu le conserve, & le Roi son bisaïeul, aussi long-temps que je le lui demande !

LETTRE XXI.

De la même à la même.

Madrid, ce 14 Décembre 1712.

Vous croyez peut-être, ma chère Madame, être délivrée de mes lettres, à présent que la Princesse des Ursins est de retour : mais les vôtres me font trop de plaisir pour que j'y renonce. Vous avez grande raison de croire que je ne trouverai point mauvais que vous remplissiez trois pages en parlant de la santé du Roi mon grand-pere. Vous ne sauriez me dire rien de plus agréable que ce qui marque qu'il est dans l'état que le Roi son petit-fils & moi souhaitons de si bon cœur. Sa conservation est si importante, qu'on ne doit point s'étonner de l'attention que tout le monde y a, & même de tous les discours qu'on a pu tenir sur cela, malgré son bon tempérament. Je voudrois bien, ma chere Madame, que vous & M. Fagon pussiez lui persuader de se retenir un peu sur le manger. Chaque fois que j'entends raconter ses repas, j'en suis très-étonnée : & il me semble que s'il vouloit bien avoir la complaisance de les diminuer, il ne s'en trouveroit que mieux. La Princesse des Ursins vous aura appris, avant que cette lettre arrive à Versailles, son retour à Madrid. Vous croirez aisément que je n'ai pas été insensible à son arrivée. Je l'ai trouvée dans la meilleure santé du monde... Pour Me. la Duchesse de Berry, elle se conserve avec tant de sagesse, qu'elle doit espérer d'arriver heureusement à son terme. J'ai oui dire qu'elle ne veut point se servir de Clément : je doute qu'elle trouve un autre accoucheur aussi habile que lui. Nos nouvelles se réduisent à la publication de la suspension d'armes avec le Portugal, & aux préparatifs que l'on fait pour que nos troupes entrent en Catalogne en même-temps que M. de Berwick. Je crois que les Catalans ne se trouveront pas à leur aise dans cette situation, & abandonnés de leurs meilleurs alliés. Comme le Roi ne veut rien négliger de son côté à faire tout ce qu'il croit qui peut contribuer à avancer la paix, quoiqu'il n'en attende pas grand effet, on va publier nouvellement un pardon pour les Catalans. Mylord Lexington en a parlé de la part de la Reine sa maîtresse. On le lui a bientôt accordé. Ainsi, ma chere Madame, vous devez être contente de tout ce que le Roi a fait depuis le commencement des négociations jusqu'aujourd'hui, pour avancer cette paix, qui, selon les apparences, doit être bientôt conclue. Je vous quitte pour aller recevoir beaucoup de compliments ennuyeux que l'on fait ce soir pour la naissance du Roi.

LETTRE XXII.

De la même à la même.

Madrid, ce 23 Janvier 1713.

Quoique vous ne vouliez pas de moi, ma chere Madame, voici encore une occasion qui m'oblige à vous écrire. c'est le secours de Gironne dont le Maréchal de Berwick est venu à bout si heureusement. Je m'en réjouis de tout mon cœur avec vous aujourd'hui, n'ayant pu le faire la semaine paffée. Je vois bien qu'il faudra, malgré moi, que je vous laiffe en repos, non pas par la crainte de vous charmer, comme vous le dites, puifque j'ai affez de connoiffance de moi-même pour favoir combien j'en fuis éloignée quand même je ferois plus à portée de vous que je ne le fuis; mais par la raifon que je comprends fort bien, que mes lettres peuvent très-aifément importuner. Je fuis fort aife de favoir notre petit Dauphin guéri de fon rhume : car la moindre incommodité qu'il a m'inquiete. Nous avons fu par ce dernier courier l'adouciffement des Hollandois. Je crois qu'à la fin vous ne douterez plus de la paix, & que nous l'aurons inceffamment. Je la defire par toutes fortes de raifons, dont l'une vous regarde : l'amitié que j'ai pour vous, ma chere Madame, me faifant fouhaiter du meilleur de mon cœur au commencement de cette nouvelle année, que vous la paffiez dans un repos & une tranquillité qui vous font inconnus depuis long-temps, & avec toute la fatisfaction imaginable. Comme j'ai écrit depuis peu au Roi mon grand-pere pour la nouvelle année, je n'ofe le faire encore fur le fecours de Gironne. Voulez-vous bien lui en faire mon compliment?

Il auroit bien tort de douter de ma joie & de ma reconnoissance.

LETTRE XXIII.

De Monseigneur (1)

Devant Philisbourg, ce 10 *Octobre* 1688.

JE ne vous avois point encore écrit, de peur de vous importuner, & parce qu'il n'y avoit point de nouvelle assez considérable à vous mander. Nous ouvrirons sans faute aujourd'hui la tranchée, & la grande attaque du côté d'un moulin que l'on appelle le moulin brûlé. Les deux petites attaques ne laissent pas toujours d'avancer, sans pourtant que nous perdions de monde : il n'y a eu cette nuit que deux soldats tués, & cinq ou six blessés. De Gossey vient d'avoir le poignet emporté d'un coup de canon en revenant de son quartier au mien. Mailly me fit un compliment, & me dit que toutes les Dames s'ennuyoient fort de mon

---

(1) Louis, Dauphin de France, fils unique de Louis XIV, mort de la petite-vérole à Meudon, le 14 Avril 1711, dans sa cinquantieme année.

absence, & que tout étoit fort triste à Fontainebleau. J'espere que nous viendrons à bout de Philisbourg, ainsi que de ces Dames, quoique la place soit très-bonne. Toute mon ambition est d'être en état d'exécuter quelque autre chose, si le Roi l'ordonne.

Je ne me sens pas de joie de ce qu'il est content de moi. Je vous suis infiniment obligé de la part que vous prenez à ce qui me regarde. Je vous prie de faire mes compliments aux Comtesses (1). On m'avoit déja dit que l'on jouoit chez vous, & je crois que cela fait un bel effet auprès de cette grande fenêtre que j'aimois tant. J'espere que nous aurons fini ceci dans dix ou douze jours. Comme le Roi reçoit de mes nouvelles fort souvent, je crois qu'il n'est pas nécessaire que je vous en mande : tout ce que je vous dirai, c'est que je m'applique le plus que je puis à devenir capable de quelque chose, & que j'entre dans tous les détails, & me fais rendre compte de tout. Je vous prie d'être persuadé que personne n'est plus à vous que moi.

―――――――――

(1) De Mailly, née de St. Hermine; de Mornay, née de Coëtquen; de Caylus, née de Villette.

Le Duc du Maine se porte bien, & est actuellement de garde à la tranchée. J'espere qu'il aura une belle nuit.

LETTRE XXIV.

Du même.

Ce 31 Octobre 1688.

COmme je vous avois promis que je vous écrirois par une occasion, je crois que je n'en saurois trouver une meilleure que celle-ci. Je me flatte que vous n'êtes pas fâchée de la conquête que je viens de faire. Je vous assure qu'elle me fait un double plaisir par la gloire que j'en acquiers, & par la satisfaction que je sais que le Roi en aura. M. le Duc de Montauzier m'écrit les plus belles choses du monde (1). Comptez que vous n'avez pas de meilleur ami que moi.

LETTRE

---

(1) M. le Duc de Montauzier écrivit à Monseigneur : » Je ne vous fais pas de compliment » sur la prise de Philisbourg : vous aviez une » bonne armée, une excellente artillerie, & Vau- » ban. Je ne vous en fais pas non plus sur les » preuves que vous avez données de bravoure » & d'intrépidité : ce sont des vertus héréditai-
» res

A MAD. DE MAINTENON. 241

LETTRE XXV.

Au Camp de Manheim, 12 *Novembre* 1688.

LA capitulation de Manheim vient d'être signée. Je me flatte que vous n'en serez pas fâchée. Je sais que vous êtes très-bien persuadée que je suis affligé de la mort du pauvre Mornay. C'étoit bien le plus honnête homme du monde! Je ne voulus pas vous écrire l'autre jour, parce que je n'aime point à donner les méchantes nouvelles. Je vous prie, quand vous en trouverez l'occasion, de faire mes compliments à M. de Montchevreuil & à sa femme. J'espere que Frankendal ne durera pas long-temps, & que je pourrai vous témoigner bientôt moi-même l'amitié que j'ai pour vous. Je remercie Chantelou de ce que je suis dans son souvenir. Je crois que vous fûtes bien incommodée l'autre jour par toutes les visites que je vous attirai.

» res dans votre maison. Mais je me réjouis avec
» vous de ce que vous êtes libéral, généreux, hu-
» main, faisant valoir les services d'autrui, &
» oubliant les vôtres. C'est sur quoi je vous fais
» mon compliment ".

LETTRE XXVI.

Au Camp devant Mons, ce 27 Mars 1690.

LE Roi m'a montré ce matin l'article de votre lettre qui s'adreſſoit à moi. Je ſerois très-fâché que mes plaiſirs priſſent le moins du monde ſur les vôtres. Je ſuis ſans façons : ne vous incommodez donc pas pour moi. Le Roi m'a dit que vous lui ſouhaitiez la goutte, pour mettre ordre à l'habitude où il eſt de s'expoſer : elle étoit venue tout à propos : mais elle ne l'a retenu qu'un jour à la maiſon ; & il a été ce matin à la tranchée, où la goutte étoit ce dont il ſe ſouvenoit le moins. Un de mes grands chagrins, c'eſt qu'il ne m'en avoit rien dit, & que j'étois allé d'un autre côté : car vous croyez bien que j'aurois été ravi d'être auprès de lui. Il a été couvert de terre d'un coup de canon, qui a culbuté Mr. le Grand : il a eu un ſoldat tué aſſez près de lui : il m'a avoué qu'il ne s'étoit jamais ſenti ſi aiſe que d'être ici, & qu'il avoit une démangeaiſon épouvantable d'aller encore plus avant qu'il n'a fait, quoique ce ſoit encore beaucoup trop.

A MAD. DE MAINTENON. 243

Le péril est passé, nous en rions ; mais jugez de nos allarmes.

Nous passons tout le jour à invoquer cette goutte, qui de fait tant souffrir, mais qui nous tranquillise. J'ai bien peur que le Prince d'Orange ne vienne point se faire battre. S'il venoit, l'affaire seroit complete, & je vous assure que tout le monde est bien résolu de faire son devoir : il ne faut pas vous importuner davantage, mais il faut vous prier de me croire le meilleur de vos amis.

LOUIS.

LETTRE XXVII.

Au Camp de Flonem, ce 14 Juillet 1690.

Votre lettre m'a fait tant de plaisir, en me marquant l'amitié que le Roi a pour moi, & qu'il est content de moi, que je ne puis m'empêcher de vous écrire, pour vous remercier de me l'avoir mandé. Je vous assure que je vous compte pour la meilleure amie que je puisse avoir, & que vous me ferez plaisir si je fais quelque chose qui déplaise, de m'en donner avis franchement, afin que je tâche de faire mieux. J'espere que les ennemis me fourniront quelque occasion de me signaler. Je vous avoue que je serois au désespoir d'arriver où vous serez, si je n'avois fait quelque chose qui m'attirât l'estime du Roi. Vous n'avez que faire de me recommander Mailly: il est assez bien auprès de moi: mais pourtant votre recommandation ne nuira pas.

Il est impossible que les ennemis ne prennent bientôt quelque parti bon ou mauvais. Je ne ferai rien qu'après y avoir bien pensé, & pris le conseil de M. le Maréchal de Lorges. Je crois que vous me connoissez assez bien pour n'en point douter, non plus que de la sincere amitié que j'ai pour vous.

LETTRE XXVIII.

Au Camp devant Mons, ce 22 Mars 1691.

COmme je vous ai promis de vous écrire souvent, pour vous informer de la santé du Roi, je n'ai pas voulu y manquer. Notre voyage a été fort heureux: le Roi a paru de bonne humeur; il eut hier matin peur d'avoir la goutte: il la craint autant qu'il craint peu l'ennemi. Il alla reconnoître hier la place un peu trop près: car ce fut à la demi-portée du mousquet, si près, que Monsieur & moi, qui étions à l'écart pour qu'il fût seul, le prîmes pour être des ennemis. On lui tira quelques coups de mousquet & de canon : il y en eut un qui tua le cheval de la Chenaye à plus de deux cents pas derriere le Roi : enfin, nous ne fûmes en repos que quand nous le vîmes hors-de-là. Comme il m'a dit qu'il vous mandoit tous les jours le détail de ce qui se passoit, je ne m'en charge point. Je le blâme : & si j'étois à sa place, je ferois comme lui : ma lettre est finie en vous assurant que personne n'est plus à vous que moi.

LETTRE XXIX.

Ce 5 Avril 1691.

LA Princesse de Conty m'a mandé par sa derniere lettre qu'elle en avoit reçu une de vous, par laquelle vous lui paroissez être contente de ma régularité à vous écrire & à vous donner des nouvelles du Roi. Je vous jure que je suis ravi quand je puis faire quelque chose qui vous fasse plaisir. Toutes nos affaires sont en bon chemin : le Roi ayant eu nouvelle par deux endroits que le Prince d'Orange avoit campé hier auprès de Notre-Dame de Hall, a donné tous les ordres nécessaires pour faire arriver aujourd'hui & demain toutes les troupes qui sont aux environs. La gayeté dont il est, vous feroit plaisir, & celle de toutes les troupes aussi. Je crois que si le Prince d'Orange fait quelques tentatives, il lui en cuira : il n'est pas assez fort pour se frotter à notre armée, qui est de quatre-vingt mille hommes effectifs. On travaille fort à se préparer & à raccommoder les lignes & à faire les hâtatifs : enfin, il n'y a rien à quoi l'on ne songe pour faire réussir cette entreprise.

LETTRE XXX.

De M. le Duc de Bourgogne.

Au Camp de Schleittal, ce 14 Juin 1705.

Nous attendons ici avec impatience, Madame, la réponse du Roi à la lettre que M. le Maréchal de Tallard lui écrivit de Strasbourg : je crois que vous en aurez été contente, & que vous verrez aujourd'hui clairement que c'étoit avec raison que j'avois lieu de desirer l'hyver passé de venir ici : au reste, Madame, j'apprends par la voix publique que notre Princesse, comme vous l'appellez, a des commencements d'incommodités de grossesse, sans qu'elle ni personne de ce qui l'approche, m'en ait mandé un seul mot : pour elle, je n'en suis pas surpris ; elle m'a oublié : voilà deux ordinaires que je n'ai reçu de ses lettres. Vous devriez bien, en vérité, lui reprocher un peu cette irrégularité ridicule. Du reste, je vous supplie, Madame, d'avoir encore plus d'attention à sa grossesse pendant mon absence, que si j'étois auprès d'elle : elle m'a tant promis de se conserver ! conservez-la pour l'amour d'elle, pour l'amour de moi, pour l'amour de l'Etat ; elle est d'âge à en connoître toutes les conséquences ; mais elle est aussi d'âge à les oublier : représentez-les-lui de temps en temps. Piquez-la d'honneur sur sa paresse à écrire : pour ce dernier article, il y va de mon intérêt seul : mais ne me pardonnerez-vous pas cette foiblesse ? Je vous prie d'y entrer avec amitié.

LETTRE XXXI.

Du même.

Au Camp de Brisack, ce 8 Sept. 1703.

JE ne vous ai point écrit il y a long-temps, Madame ; j'ai craint de vous incommoder, & que votre politesse ne vous portât à me faire réponse. J'ai appris avec plaisir que les eaux de Forges vous ont fait du bien : & cependant il m'est revenu depuis, que vous aviez encore eu quelques accès de fievre : ce seront-là sans doute les derniers efforts d'une ennemie déjà bien affoiblie. Je le souhaite avec tout le zele qu'on peut avoir quand on sait aussi-bien que moi combien votre santé nous est utile. Nous avons pris cette Place en bien moins de temps que nous n'osions l'espérer d'abord. Si nous ne continuons pas, ce sera faute de moyens, & non de volonté. Il me semble cependant qu'on propose au Roi d'assez beaux expédients pour continuer heureusement un si beau début, s'il entre absolument dans ce qu'on lui demande pour cela. Vous aurez su, Madame, que je lui demande aussi mon retour, à condition de revenir dès qu'il y aura quelque chose à faire; mais je ne l'ai demandé qu'en alléguant des raisons solides, & en me justifiant par-là de celles qu'on auroit pu trouver de quelque autre côté, peut-être aussi touchant, mais pas si juste en temps de guerre. Je crois que vous m'entendez à demi-mot : mais je n'ose traiter ce Chapitre plus au long, de peur de vous tenter d'une réponse, que je vous prie de ne me point faire, si elle vous incommode le moins du monde. Soyez persuadée, Madame, que quoique je ne vous écrive pas souvent, mon amitié pour vous n'en est pas moins sincere.

LETTRE XXXII.

Versailles, Samedi à 9 heures.

J'Ecris au Roi, Madame, sur une chose qui intéresse encore plus tout son Etat que la santé de Monseigneur. Vous jugez aisément que c'est sur la sienne propre. Il n'y a personne qui ne tremble, lorsqu'on pense que le Roi est exposé à tous moments à un air dangereux, non-seulement pour la petite-vérole, mais même pour donner d'autres maladies venimeuses, & plus à craindre. Je sais, Madame, que le Roi se doit à sa famille, & je ne le sais que trop, par l'ordre qu'il me donne de ne me point présenter devant lui : mais je sais qu'il se doit encore plus à son Etat : & si l'on recueilloit les voix de ses sujets, il ne s'exposeroit point à un péril dont j'espere que Dieu le préservera, mais qui est réel. Si le Roi du moins pouvoit quitter le vieux Château & se mettre dans le neuf, il en seroit plus éloigné, & tout aussi à portée de recevoir à tous moments des nouvelles de la santé de Monseigneur. Je crois aussi, Madame, que Monseigneur lui-même seroit plus tranquille de savoir que le Roi l'est : il ne le verra qu'avec peine : car je suis sûr qu'il pense comme moi sur la conservation du Roi. Jugez, Madame, par l'inquiétude que nous donne Monseigneur, où nous en serions, si le Roi lui-même tomboit malade, & dans la conjoncture présente, où le poids des affaires est tel, qu'il faut toute son ame pour les soutenir. Quelque dures que soient ces idées, on ne peut s'empêcher ni de les avoir, ni de les expliquer. Ce sont tous ces sentiments & beaucoup d'autres, que le peu de temps que j'ai ne me permet pas d'expofer ici, qui font que je vous fupplie de préfenter au Roi la lettre que j'ai l'honneur de lui écrire : c'eft tout fon Royaume qui lui parle par ma voix : il n'a pas un fujet qui ne la fignât de fon fang. M. le Duc d'Orléans & M. le Duc du Maine fortent d'ici pour m'en parler tous deux : & ce dernier a vu ma lettre, qu'il ne défapprouve certainement pas. Après ces objets publics, je fuis honteux d'en venir à un particulier. C'eft Madame la Ducheffe de Bourgogne. Penfez, je vous prie, Madame, tout ce que je fens, tout ce que je dois fentir : vous favez combien je l'aime : où en fera mon cœur, fi je la vois aller à Meudon ? La feule fatisfaction du Roi l'emporte fur mon inquiétude. Je vous prie, Madame, d'être affurée de la fincérité de mon amitié ; & que je fuis au défefpoir d'être encore long-temps fans vous la pouvoir témoigner moi-même. Mon Dieu ! fi vous voyiez dans quel état nous fommes ! Adorons Dieu dans tout ce qu'il fait : confions-nous en fes immenfes miféricordes : la foi feule peut nous foutenir, & le bien de l'Etat nous confoler.

LETTRE XXXIII.

Au Roi.

1711.

J'Espere que Votre Majesté me pardonnera la liberté que je prends de lui écrire, dans l'appréhension que j'ai de n'avoir pas l'honneur de la revoir, sitôt. J'apprends en ce moment que la petite-vérole se déclare à Monseigneur. Je sais que Votre Majesté ne la craint point, & c'est ce qui me la fait le plus craindre : vous ne vous ménagerez point : vous céderez aux sollicitations de votre tendresse : s'il y a du péril, vous le mépriserez. Mais ces maladies non-seulement se communiquent : elles en communiquent encore d'autres, pour lesquelles je crains bien plus pour Votre Majesté qu'elle ne craint pour moi, lorsqu'elle me fait défenses de lui aller faire ma cour à Meudon. Je vous supplie, Sire, au nom de Dieu, de conserver votre personne sacrée, que je ne saurois m'accoutumer à voir en péril. Je ne suis pas le seul qui vous fasse cette priere : c'est tout votre peuple : c'est tant de millions de sujets, dont je suis le plus fidele & le plus soumis. Me voir éloigné de Votre Majesté pour un temps confidérable, m'eſt extrêmement fenfible; mais qu'eſt-ce que mes peines, en comparaiſon de mes craintes ? Je ſupplie Votre Majeſté de recevoir en bonne part cette lettre, qui part du cœur le plus reſpectueux, le plus dévoué, &, ſi j'oſe le dire, le plus tendre qui fut jamais.

L E T T R E XXXIV.

De Mad. la Dauphine.

J'Ai reçu votre lettre. Vous m'avez fait un fort grand plaiſir de me faire toute la deſcription de tout ce qui ſe paſſe où vous êtes. J'avoue que vous m'en avez donné autant que je puis en prendre dans cette conjoncture. Aujourd'hui tous mes defirs tendent uniquement à voir le Roi. J'eſpere toujours que vous me tiendrez votre promeſſe, qui eſt de lui parler quelquefois de moi : vous ne me ſauriez obliger davantage : faites auſſi, je vous prie, que la Reine (d'Angleterre) ne m'oublie pas tout-à-fait : & vous, ſongez auſſi quelquefois à moi. A la deſcription que vous me faites de Chambord, je ne doute pas qu'il ne soit fort commode & aimable : & puis s'il ne l'étoit point, le Roi, la Reine, & vous l'auriez bien rendu tel.

Beſſola vous fait ſes compliments, & vous prie de la tenir toujours un peu dans votre ſouvenir. Elle veut bien s'engager à être votre caution. Vous avez trop d'eſprit pour douter de mes ſentiments pour vous, & trop de probité pour ne pas en avoir de tendres pour moi. Je vous promets de me bien divertir à Fontainebleau, & que le Roi ſera content de l'air dont j'y irai. Adieu, ma chere Me. de Maintenon.

LETTRE XXXV.

De Me. la Duchesse de Bourgogne (1).

J'Irai vous trouver où vous ſerez. Ne vous contraignez point. J'aime autant être chez Me. de Caylus que chez vous : toutes les chambres ſont fort indifférentes à qui jouit du plaiſir de vous voir :

---

(1) Deux de ces lettres de Me la Duchesse de Bourgogne avoient déja paru dans l'édition de Nancy.

le lieu où vous serez avec le plus de commodité, sera celui où je serai avec le plus d'agrément. J'ai quelque soulagement de pouvoir faire ma volonté sans aucune contradiction.

J'ai été fort contente de la maniere dont le Roi m'a reçue. La joie que lui & ses Courtisans ont eue de me voir, me dit bien l'ennui excessif qu'on a à Meudon : on ne s'ennuye point comme cela auprès de vous.

LETTRE XXXVI.

De la même.

JE suis au désespoir, ma chere tante, que vous soyez en colere contre moi. Je vous assure que je ne le mérite pas tant, & que je ne songe du matin au soir qu'à vous plaire & à ne point faire de sottises, pour me rendre digne de votre amitié. Je vois bien que c'est par tendresse pour moi que vous êtes si vive sur tout ce qui me regarde. Je vous assure que dans tout ce qu'on vous a dit de moi, il y a bien des choses qui ne sont pas vraies. Mais je vois bien que vous commencez à vous dégoûter de moi, &

que dans peu de temps vous ne m'aimerez plus du tout. Vous auriez raison de ne plus m'aimer, s'il étoit vrai que je me cachasse de vous, & si je ne vous disois pas la vérité, comme vous commencez à le croire. Voyez jusqu'où cela va : si vous me croyez menteuse, il est impossible que vous n'ayez pas de mépris pour moi : & si vous en avez, le Roi en aura aussi : & si le Roi en a, je serai au désespoir. Oui, je suis au désespoir, quand je songe que je vais perdre votre amitié, & ce n'est pas tant ma faute, que par de faux rapports : je suis prête à faire tout ce que vous voudrez pour la conserver : car je me flatte qu'elle n'est pas tout-à-fait partie.

LETTRE XXXVII.

IL ne s'est rien passé aujourd'hui au marché : les nouvelles qu'on en sait sont de huit heures du matin : tout y étoit fort calme. On n'a rien dit sur la quantité de pain, ni sur le prix : mais le principal est qu'il n'y a eu aucun désordre. Vous en saurez davantage ce soir. Tranquillisez-vous un peu, ma chere tante, si vous pouvez. Je commence à croire, comme le Roi, que toutes ces choses-là qui nous effrayent tant, ne sont rien. Il est bien étonnant qu'il ne nous ait pas encore communiqué un peu de son sang-froid & de son courage! il me semble que cela se prend comme le reste : & je me trouve assez courageuse, au moment que je vois des hommes intrépides.

On a envoyé chercher des Compagnies du Régiment aux Gardes qui étoient dans des Villages aux environs de Paris. L'on ôte tous les petits corps-de-garde pour en mettre de plus confidérables dans chaque quartier. L'on garde aussi les deux marchés. Enfin, l'on prend toutes les précautions nécessaires pour qu'il n'arrive plus de défordre. Mais je crois que le tout dépendra de la quantité de pain qu'il y aura demain au marché. Car comment veut-on que la crainte contienne des gens qui meurent de faim ? Je vous manderai, comme vous me l'avez ordonné, tout ce que j'en apprendrai ; mais quoi qu'il arrive, nous avons grand besoin de patience & de prieres. La journée que vous allez passer me fait bien de la peine à imaginer : & je me dis ensuite pour m'achever, la nuit de ma chere tante ne sera pas meilleure.

LETTRE XXXVIII.

JE suis au désespoir, ma chere tante, de vous déplaire toujours. Je suis bien résolue de me corriger, & de ne plus jouer à ce malheureux jeu, qui me fait perdre mon argent & votre amitié. Je vous prie, ma chere tante, de n'en point parler au cas que je tienne la résolution que j'ai prise. Si je manque une seule fois, je serai ravie que le Roi me le défende, pour éprouver ce qu'une telle impression peut faire sur moi contre moi. Je ne me consolerai point d'être la cause de vos maux : & je ne le pardonnerai point à ce maudit Lansquenet. J'espere que dorénavant ma conduite réparera mes fautes, & que je regagnerai votre amitié. Tout ce que je souhaite, c'est de me rendre une Princesse aimable par sa conduite : je me flatte que mon âge n'est point encore assez avancé, ni ma réputation assez ternie, pour qu'avec le temps je n'y puisse parvenir. Je suis au désespoir de vous avoir déplu : j'ai abandonné Dieu, & il m'a abandonnée : j'espere qu'avec son secours, que je lui demande de tout mon cœur, je me corrigerai. Rendez-moi, ma chere tante, votre eſtime & votre amitié dont je me ſuis rendue indigne : je vous aſſure que je la mériterai : il me faudra bien du temps : mais c'eſt la ſeule occupation que déſormais je vais avoir. Vous êtes bien bonne, tandis que je vous cauſe du chagrin, de m'envoyer de quoi payer mes dettes : Dieu vous le rende !

LETTRE XXXIX.

JE ne ſuis point faite pour avoir un moment de joie. Je ſuis dans la plus grande inquiétude. M. le Duc de Chartres a une groſſe fievre, & tous les ſymptômes de petite-verole. Ah ! ma chere tante, que faudra-t-il faire pour mon fils ? il eſt encore bien petit pour le changer d'air. Mais il eſt bien précieux pour l'expoſer à un air mal-ſain. On lui a fait accommoder une chambre pour qu'elle ne fût pas trop exhauſſée : il ſe porte à merveille, & il me ſemble qu'il eſt d'une aſſez grande conſéquence pour y faire attention. Pour moi, je n'héſiterois point à faire emporter M. de Chartres à la ville, au cas qu'il n'ait point encore de rougeurs ; le Roi m'en a paru ce ſoir aſſez en peine ; il y faut mettre ordre : j'en suis toute troublée : & je vous prie, ma chere tante, d'y bien penser.

LETTRE XL.

NOus voilà décidés sur le mal de Monseigneur : mais notre inquiétude n'en est pas moindre : car la petite-vérole est bien dangereuse, sur-tout à son âge : & il n'y a jamais aucune sûreté : d'un moment à l'autre, elle peut changer. J'espere, ma chere tante, que vous ne le verrez point : Monseigneur ne s'en souciera guere : & votre santé n'est pas assez bonne, & nous est trop chere, pour la hasarder pour rien. Je suis fort en peine du Roi : au nom de Dieu, qu'il le voye le moins qu'il lui sera possible ! M. le Duc de Bourgogne en est dans une grande inquiétude, & m'a dit qu'il vous en avoit écrit. Je suis hors de moi, beaucoup plus encore pour vous, & pour le Roi, que pour Monseigneur : car j'ai dans la tête qu'il s'en tirera heureusement. Mandez-moi bien tout ce qui se passe : rien n'est plus cruel que l'incertitude. Je suis bien fâchée, ma chere tante, de ne vous point voir aujourd'hui. Nous verrons ensemble comment je ferai pour voir le Roi : car, à vous dire la vérité, je n'ai pas grande envie d'entrer dans la maison. Je fais les mêmes réflexions pour moi que pour vous : & quand j'irai gagner quelque mal, personne ne m'en saura gré, & tout le monde m'en blâmera : il faut pourtant que je voye le Roi : car je ne saurois vivre sans lui. Versailles m'est insupportable : vous ne sauriez vous figurer l'air qu'il a. Il faut dire la vérité : les lieux où le Roi n'est point sont absolument inanimés. Janette a la rougeole : Mé. Dangeau va partir. Que deviendrons-nous, puisque vous nous manquez ? Ce ne sera pas la derniere lettre que vous aurez de moi aujourd'hui. Ecrivez-moi, je vous prie, que vous avez de l'amitié pour moi : si vous me le dites, je suis sûre que cela sera vrai. Soutenez-moi un peu, car mes pensées sont très-noires.

LETTRE XLI.

Devinez où je serois, si j'étois où mon penchant m'appelle. Je serois dans la chambre de Me. de Caylus, pourvu qu'elle fût assez grande pour contenir une personne de plus. Je suis d'une humeur horrible : car vous ne goûteriez pas le mot de vapeur qui pouroit un peu déguiser ma bisarrerie. Je n'ose pas seulement faire un petit papillon, de peur qu'on ne dise : Voyez, elle ne songe qu'à se divertir. La compagnie qui m'environne m'est insupportable, & je ne la souffre que dans l'espérance de contrarier à tout ce que l'on dira. Croyez-vous, ma chere tante, que la Reine d'Angleterre puisse réparer par sa présence ce que votre absence me fait souffrir ? J'en enrage : que n'est-elle dans son Royaume, & que ne roulons-nous tous ensemble sur des sacs pleins d'or ? Aujourd'hui je mets notre plus grand bonheur dans ce métal : je ne vois en ce moment que des piastres : je voudrois être au Pérou : ah ! que je deviens vilaine ! Mandez-moi de temps en temps de jolies choses, afin de faire diversion à toutes les passions qui me dominent.

LETTRE XLII.

J'Apprends que vous demeurez ici : je me suis fort sottement embarquée à dîner à la Ménagerie. J'ai pris le jour où je n'avois aucun Prince pour faire une fois en ma vie ma volonté. Mais je vois bien qu'il faut y renoncer, & que je suis condamnée à faire éternellement celle d'autrui. Un moment a changé la mienne. Car, sans aucune flatterie, j'aimerois bien mieux être avec vous : & si j'osois, j'abandonnerois volontiers mon dîné pour vous tenir compagnie : mais j'aurois peur que vous ne fussiez aussi lasse de ma Duché que je le suis des Principautés. J'espere pourtant que vous m'ôtez de ce grand nombre d'importuns & d'ennuyeux qui vous accablent. Je meurs de peur que la mauvaise nuit que vous avez eue n'ait été causée par la visite de ce M. de Chamillard : ces Ministres sont la migraine même.

LETTRE XLIII.

CE n'est point sans peine que je vois partir Me. de Caylus. Jamais la Reine d'Angleterre n'est venue si mal-à-propos : & pour comble de malheur, il faut l'attendre tout le jour. J'ai pensé envoyer chercher mon carrosse pour vous aller voir un instant : mais on m'a fort représenté qu'il seroit ridicule que la Reine ne me trouvât point ici : cela est vrai : mais il est bien ridicule aussi de s'ennuyer : &

l'on diroit que je ne suis Princesse que pour cela.

Adieu, ma chere tante; il faut se détacher de vous pour aujourd'hui : ce n'est pas sans peine. Songez que quoique nous ne nous voyions point, nous ne nous en aimons pas moins : c'est toujours une petite consolation.

Voilà, ma chere tante, une lettre du Roi d'Espagne : vous verrez qu'il ne vous a pas pas oubliée, & que si les Couronnes dérangent bien des têtes, elles ne changent point le cœur des Bourbons : je vous rends les propres paroles de M. le Duc de Bourgogne, qui pourroit bien avoir retenu cette phrase de M. de Cambray.

LETTRE XLIV.

De Madame.

Ce 13 Octobre 1701.

LA Reine Douairiere d'Espagne est cause, Madame, qu'il faut que je vous importune d'une assez mauvaise lecture : je vous prie de faire lire ma lettre au Roi pour voir si Sa Majesté approuve ma réponse : ayez la bonté, je vous prie, en cas

cas que le Roi y trouve quelque chose à retrancher ou à augmenter, de me le mander. Je serois au désespoir d'écrire un mot qui pût lui déplaire ; & si l'on m'a représentée à lui autrement, c'est une injustice, & je n'oublierai jamais que c'est vous qui l'avez désabusé. Il faut aussi, Madame, que je vous dise la joie que j'ai eue d'une nouvelle bonté qu'il m'a témoignée. Je l'ai vu hier & avant-hier dans son cabinet, après soupé : j'en suis ravie, & vous n'en serez pas étonnée, vous, Madame, qui savez qu'il a au suprême degré le talent d'enchanter. Toutes ses bontés me viennent de vous, en ce que vous m'avez rapprochée de lui : je vous prie de croire que je n'en reçois aucune marque, que ma reconnoissance pour vous n'augmente dans mon cœur ; & je vous assure que mon amitié pour vous, Madame, va bientôt égaler l'estime que vous doit ELISABETH-CHARLOTTE.

LETTRE XLV.

De la même.

Ce 8 *Novembre* 1706.

VOus ne vous laſſez point, Madame, de faire du bien, & vous croyez que c'eſt votre vocation.

Vous avez trouvé bon que je vous importune pour les lettres de la malheureuſe Reine d'Eſpagne. Comme celle-ci eſt moins ſeche que celle de l'autre fois, j'eſpere qu'elle ſera plus de votre goût, auquel je me conformerai toujours avec plaiſir. Le Roi trouvera, je crois, les phraſes fort Allemandes : mais il faut bien qu'on y reconnoiſſe la main du Traducteur : & vous devinerez, en tout cas, ſes ſentiments à travers la maniere dont je les ai rendus.

La Reine me mande de vous prier inſtamment de brûler ſa lettre, & que M. le Duc de Grammont ne puiſſe ſavoir ce qu'elle vous mande du Duc de Saint-Pierre. Après m'être acquittée de ma commiſſion, vous voulez bien que je vous diſe encore, que mes ſentiments pour vous font, en dépit des gens qui veulent nous brouiller, tels que vous pouvez defirer.

P. S. On m'a priée de vous demander un avis : c'eſt M. le Duc de Lorraine qui ne veut jamais rien faire en ſa vie qui puiſſe déplaire au Roi ; & comme il a néceſſairement à faire à Vienne, à cauſe des affaires de ſon frere l'Evêque d'Oſnabruck, il voudroit ſonder par vous, Madame, ſi un voyage fort court qu'il feroit à Vienne, fâcheroit le Roi. Si vous croyez que Sa Majeſté y ait quelque répugnance, il aime mieux tout abandonner que de lui déplaire : mais ſi la choſe étoit indifférente, il en feroit donner avis au Roi par M. de Torcy. Faites-moi, je vous prie, le plaiſir, Madame, de me mander ce que je dois répondre : & ſoyez perſuadée que vous ne prendrez jamais de peine pour perſonne qui en ait plus de reconnoiſſance que moi.

LETTRE XLVI.

De M. le Duc d'Orléans.

Briançon, ce 10 Octobre 1706.

IL n'y a point de douleur, Madame, qui ne cede à vos conſolations & aux bontés que vous me témoignez. Après les aſſurances que vous me donnez, que l'amitié y a autant de part que la compaſſion, j'aurois tort de n'être pas tranquille. Si votre lettre n'étoit pas remplie de mes louanges, je paſſerois ma vie à la lire : car elle me fait voir avec un charme infini toute la reconnoiſſance que je dois au Roi. Quoique vous vouliez me cacher celle que je vous dois, je la démêle en tout, & particuliérement lorſque vous me faites ſouvenir de remonter à la cauſe des grands événements. Quand je pourrai vous dire, ſans hypocriſie, que je ſuis un dévot, j'aurai une joie parfaite de vous faire ma confidente : ceux qui ſont parfaitement dévots, ſont ſi vrais & ſi généreux, qu'un honnête homme a plus de diſpoſitions qu'un autre à le devenir. Continuez-moi vos bontés, Madame : j'en ſuis touché vivement : il n'y a rien que je ne veuille faire pour me les conſerver.

LETTRE XLVII.
De Me. la Duchesse d'Orléans.
1711.

J'Ai eu la petite-vérole, & je ne la crains point, Madame : & quand je la craindrois ? Être éloignée du Roi, c'est pour moi le plus mauvais air. En quel état tout ceci doit vous mettre ! j'en juge par ce que je souffre. Je vous prie de dire au Roi, que c'est de très-bonne foi que je desire d'aller à Meudon, & que je lui en demande la permission. Je m'adresse toujours à vous, Madame, & je m'en trouve trop bien pour changer jamais de conduite.

Pour vous épargner l'importunité d'une lettre, j'avois fait offrir mes pierreries au Roi par Blouin : mais je n'ai point eu de réponse. J'ai donc recours à vous, Madame, pour le prier de les accepter. La pensée m'en étoit venue dès que je sus qu'il n'y avoit plus d'espérance de paix : elles me viennent toutes du Roi ; qu'elles y retournent ! elles seront bien mieux employées à le servir qu'à me parer. D'ailleurs, j'ai eu si peu de vaisselle à envoyer,

& si vilaine, qu'il est bien juste que je répare ma pauvreté par mes pierreries. Je m'en remets à vous pour le tour qu'il faut donner à cette offre. Mais je le trouverai très-bien, si ma proposition est acceptée, & si je vais à Meudon. Je vous prie d'être bien persuadée de ma reconnoissance, & de la sincere amitié que j'aurai pour vous.

P. S. Vous me rendriez un bien grand service, si vous attachiez Me. de Marey auprès de moi : vous avez commencé mon bonheur, & cela suffit pour l'achever. Faut-il vous dire encore, que vous avez le cœur si bon, que vous devez être bien-aise que je l'aye aussi ?

LETTRE XLVIII.

De Mad. la Princesse de Conti.

Issy, ce 24 Octobre 1709.

MR. de St. Sulpice m'a montré, Madame, la lettre que vous lui avez fait l'honneur de lui écrire. Je suis trop sensible à toutes les attentions que vous voulez bien avoir pour moi, pour lui abandonner le soin de vous en faire mes remerciements, qui ne seront jamais aussi forts que ma reconnoissance est vive.

L'état où je suis ne me permet pas d'aller cet hyver à Versailles : les couches seules de Me. la Duchesse de Bourgogne auroient pu m'y faire aller ; mais tout doit céder à ce qui peut plaire au Roi. C'est dans mes malheurs le seul desir qui me reste, & ce sera ma seule occupation. Dès que le temps marqué pour ma retraite sera expiré, je compte aller m'établir à Versailles pour élever mon fils plus près de Sa Majesté. En voyant quelquefois son maître, il apprendra à le servir & à l'aimer, & je lui inspirerai sans effort les sentiments de soumission, de fidélité, de reconnoissance qu'il lui doit. J'espere, Madame, que vous voudrez bien qu'il ait l'honneur de vous voir quelquefois : votre conversation sera pour lui la plus excellente des leçons. Vous m'aiderez de vos avis pour une éducation qui me tient si fort à cœur : vous ne la regarderez pas au-dessous de vos soins, quand vous penserez à ce que nous sommes au Roi, & à ce que mon fils peut un jour être à l'Etat : de sorte que nous profiterons de votre amitié pour notre maître, & de votre zele pour le bien public.

LETTRE XLIX.

De Madame la Princesse.

Paris, ce 28 Mai 1710.

VOus êtes, Madame, toute ma consolation dans toutes mes peines. Je ne puis m'empêcher de vous ouvrir mon cœur sur l'inquiétude où je suis de voir mon petit-fils à l'armée, encore plus seul qu'il ne l'étoit l'année passée. Je serois bien fâchée d'importuner le Roi : je connois ses occupations : je sais qu'on est si occupé à sauver l'Etat, qu'on n'a guere le temps de penser à un Prince. Mais je ne puis m'empêcher de vous représenter les conséquences d'être abandonné à soi-même à l'âge qu'il a. Vous les voyez mieux que moi : le Roi les verroit aussi d'un coup d'œil : Mr. le Duc a l'honneur d'être non-seulement Prince de son sang, mais son petit-fils : les fautes qu'il fera le toucheront plus que celles d'un autre ; & comment peut-il n'en pas faire, s'il n'a personne qui le conduise & qui lui donne des conseils encore plus nécessaires à l'armée qu'à la Cour ? Nous n'avons point propofé un Officier général. On diroit dans le monde que nous cherchons plutôt un homme qui nous donne de l'éclat que des avis, & affurément rien ne feroit plus faux : car fi nous connoiffions un fimple foldat qui fût capable de l'inftruire, nous le préférerions à un Maréchal de France. Il me femble, Madame, que l'attention qu'on aura fur mon petit-fils ne peut détourner du fervice du Roi, parce que les chofes que celui qui en feroit chargé feroit pour le fervice, ferviroient auffi à l'inftruction.

Mon petit-fils fuivroit cet homme partout, l'écouteroit, le confulteroit, & fauroit fort bien fe faire tuer à fes côtés. J'efpere, Madame, que vous voudrez bien me donner en cette occafion les marques d'amitié que vous m'avez données en tant d'autres. J'en fouhaite fort la continuation. J'ai été quelques jours à Chaillot, où je me ferois trouvée fort bien, fi je n'avois dans la tête tout ce que j'y ai. Pardonnez-moi mes inquiétudes : voilà ce que c'eft d'être grand'mere! Souvenez-vous, je vous prie, de l'amitié que M. le Prince avoit pour vous, & de celle que vous avez toujours eue pour ANNE, PALATINE DE BAVIERE.

P. S. Si vous entendez parler de l'Abbé

de Maulevrier, je vous conjure de suspendre votre jugement, jusqu'à ce que je vous aye parlé.

LETTRE L.

De la même.

Jeudi à 11 heures du matin.

Voilà enfin, Madame, le procès que je craignois tant, commencé ! Je travaille pourtant le plus qu'il m'est possible pour un accommodement : je vous prie de demander à Dieu qu'il bénisse mon travail, afin que je puisse empêcher les suites d'une affaire qui ruineroit tous mes enfants, & seroit très-mauvaise pour leur salut, par la désunion qu'elle mettroit entr'eux. On plaide à l'heure qu'il est : & quoique l'on m'ait assuré qu'il n'y auroit rien dans les plaidoyers qui pût donner de l'aigreur, je ne laisse pas d'en avoir une grande peur : & j'en attends des nouvelles avec impatience & avec crainte. Je ne demeure ici que pour presser ce que je crois qui peut conduire à un accommodement, & pour empêcher ce qui y pourroit nuire. Sans cela, j'irois à Chaillot pour ne point en entendre parler. J'espérois que l'on n'iroit pas aux audiences : le Roi avoit eu la bonté de le défendre : il me semble que l'on s'en souvient. Vous en aviez bien compris les conséquences. Les sollicitations sont commencées. J'en suis affligée : il me semble qu'entre des personnes si proches, on n'en devroit point faire : mais je n'ai pu l'empêcher : je voudrois au moins qu'on en demeurât aux Présidents à Mortier. Il n'est point de la dignité, que des femmes, comme Madame la Duchesse & mes filles, aillent chez ces petits Conseillers du Parlement. Il est vrai que. Mademoiselle l'a fait, & me l'a fait faire dans le procès de la succession de Guise, où elle avoit le même intérêt que moi. Mais je m'en suis dispensée dans un autre procès qui ne regardoit que moi, & qui étoit sur cette même succession que l'on vouloit m'ôter presque entiere. M. le Prince ne voulut pas que je le fisse, & Me. de Guise ne l'a jamais fait : j'en parlai à Versailles à Madame la Duchesse : elle me dit qu'elle ne le feroit pas si ce procès la regardoit ; mais que comme il regardoit son fils, elle ne pouvoit ne pas le faire. Je me soulage en vous mandant mes peines.

LETTRE LI.

A dix heures du soir.

J'Ai eu des nouvelles du plaidoyer : on m'a dit qu'il n'y avoit rien eu dont on se pût plaindre. Mais j'appris en même-temps que mes filles avoient déja été chez quelques Conseillers : cela me fait croire qu'il seroit fort nécessaire que le Roi voulût bien dire quelque chose sur les audiences. Il suffira qu'il dise : *Je ne crois pas qu'on songe à y aller.*

LETTRE LII.

Paris, ce 20 Juin 1712.

J'Allois vous écrire, Madame, pour vous prier de représenter au Roi l'état où est le Comte de Charolois, & le besoin qu'il a de ses graces, quand ma fille est venue me dire qu'elle avoit écrit au Roi & à vous, pour le Gouvernement de Provence. Si elle pouvoit l'obtenir, elle feroit les deux mariages que je souhaite depuis si long-temps. Elle entreroit très-facilement dans l'accommodement qu'on propose, & ce seroit un grand bien pour notre famille. Le Roi ne pourra-t-il pas entrer dans cette confidération, & faire aussi quelque chose pour le Comte de Charolois ? Voilà le Gouvernement de Provence, & la Charge de Général des Galeres qui vaquent : l'un mettroit la paix dans notre maison, & l'autre feroit un grand bien à un petit garçon qui en a grand besoin, que vous aimez, & que le Roi ne hait pas. Voici une occasion qui ne se trouvera peut-être jamais : mais il ne faut rien faire pour le Prince de Conty, qu'en faisant les mariages & l'accommodement tout ensemble.

Le Roi vint hier chez vous, Madame, sitôt après que j'y fus entrée, que je ne pus vous parler de l'Abbé de Gergy, Vicaire (depuis Curé) de St. Sulpice. Je crois que le Roi feroit un très-bon choix en le faisant Evêque de Châlons. Il seroit très-utile à la Province de Bourgogne : c'est un homme d'une grande piété & d'un bon esprit. Je ne vous parlerai pas souvent, Madame, de pareilles choses : je crains trop de proposer des personnes pour les Evêchés : mais je suis sûre, cette fois-ci, de ne rien faire contre ma conscience, ni de ne vous demander rien contre la vôtre. M. le Curé de St. Sulpice vous aſſûrera, Madame, que nous ferons une bonne œuvre en contribuant à le faire Evêque.

LETTRE LIII.

Paris, ce 12 Septembre 1712.

LE Roi ayant la bonté, Madame, de vouloir l'accommodement de mes enfants, il ſeroit bien néceſſaire qu'il eût encore celle de défendre toutes les procédures, juſqu'à ce que l'on eût vu de quelle maniere cet accommodement ſe pourra faire. Je vous prie, Madame, de l'en ſupplier. Je ſuis perſuadée que cet ordre-là ne fera de peine à perſonne ; & je ne prends la liberté de le demander au Roi, que pour qu'il ſoit aſſuré que les uns ni les autres n'y penſeront : la confiance n'eſt point entre eux : je voudrois qu'elle y fût : vous m'aimez : vous aimez la paix : vous l'avez miſe par-tout : vous la rétablirez parmi nous. Je ne doute pas, Madame, que vous n'ayez été bien-aiſe des bonnes diſpoſitions du Roi pour une ſi bonne œuvre, & je crois que vous avez un peu penſé à moi dans cette affaire. Ce seroit un si grand bonheur pour moi, que j'aurai peur de tout jusqu'à ce qu'elle soit finie. Ma fille m'a demandé si elle devoit, par respect pour le Roi, se trouver à l'entrée du Conseil. Je lui ai dit que ce n'étoit pas un spectacle bien agréable de voir des parents assemblés pour plaider à se ruiner les uns les autres. Je vous importune bien, Madame. Cependant je ne puis m'empêcher de vous importuner encore : je voudrois vous voir à St. Cyr : vous pardonnerez à une mere qui n'est pas dans un état bien tranquille. Je ne me corrigerai jamais de la confiance que j'ai en vos bontés.

LETTRE LIV.

Paris, ce 28 Octobre 1715.

JE ne vous ai point encore écrit, Madame. J'ai respecté votre douleur, autant que je l'ai sentie. Mon amitié pour vous m'a montré toute la grandeur de la perte que nous avons faite. Je n'ai que trop connu que je ne me trompois pas, en craignant, autant que je faisois, le malheur qui est arrivé: Je crois, Madame, que M. le Duc du Maine vous aura dit qu'il ne plaide plus avec M. le Duc : j'espere que cette suspension d'armes réunira les cœurs : je le souhaite passionnément. Si je pouvois voir l'union dans ma famille, je croirois n'avoir plus rien à faire en ce monde. Qu'on est heureux, quand on peut s'en séparer entiérement ! mais il faut votre courage, vos malheurs & votre vertu. C'est la seule consolation que vous puissiez avoir, Madame, & je la crois grande. Depuis long-temps vous étiez lasse du monde, quoiqu'il paroisse, à la maniere dont on parle aujourd'hui de vous, Madame, que le monde n'étoit point las de vous.

Conservez-moi votre amitié : elle sera toujours & mon plaisir & ma gloire. J'espere, Madame, que vous voudrez bien que je vous aille voir, & que vous ne me regarderez pas comme étant du monde : & en effet, je n'en suis guere.

LETTRE LV.

De Mad. la Duchesse d'Orléans.

J'Avois deſſein, Madame, d'aller mêler mes larmes aux vôtres. Mon frere le Duc du Maine m'a dit que vous voulez abſolument pleurer ſeule, & que vous craindriez que ma viſite ne vous en attirât d'autres. Je ne deſire que ce ui vous convient. Je vous prie donc, Madame, de me mander franchement vos réſolutions. Je vous prie auſſi de recevoir les aſſurances de l'ancienne amitié, &c.

LETTRES
DE M. LE DUC
ET DE MAD. LA DUCHESSE
DU MAINE
A Mᴱ. DE MAINTENON.

LETTRE I.

De Mr. le Duc du Maine.

JE suis bien-aise du moyen dont vous vous êtes servie pour m'apprendre que ma conduite n'est pas bonne : mais je suis bien fâché que l'ayant trouvé telle, vous ne m'en ayez pas averti plutôt. Dès que l'on aime véritablement, comme je crois que vous m'aimez, il n'y a point de mesures à garder. Je m'en vais donc répondre à tous les points de votre lettre. Vous vous souvenez bien que lorsque Me. de Montespan revint, je vous priai de savoir d'elle quel genre d'étude je ferois : je vous promis dans ce temps que jusqu'à ce que Me. de Montespan l'eût choisi, je continuerois les Mathématiques : je n'y ai manqué au plus que quatre fois. Vous me mandez d'aller une fois la semaine chez Madame la Dauphine : j'y vais plus souvent. Toutes les fois que M. le Duc de Chartres est ici, je vais le voir une fois tout au moins. Il y a aujourd'hui quinze jours que j'allai chez Monsieur : je n'ai manqué que trois jours à aller chez Mademoiselle. Je ne vais point chez M. le Prince & chez Madame la Princesse, parce que la défense que Mademoiselle me fit faire, n'a point encore été levée. J'ai tort sur M. & Madame la Princesse de Conty : il y eut hier trois jours que je perdis contre M. le Prince de Conty : je comptois de recevoir mon argent hier, & de le payer tout aussi-tôt : je ne vous l'avouai point, parce que vous n'aimez pas que je joue, & que j'espérois que vous n'en sauriez rien. Pour ce qui est de la lettre du Pere de la Chaise, il y a plus de trois ans que Madame de Montespan parle & me fait parler pour M. de Malesieux, & me demande de temps en temps les réponses que l'on me fait : & comme c'est toujours des promesses, & jamais d'effet, elle me fait la guerre, me dit que je n'ai point de cœur, que je ne vois pas qu'on se moque de moi, & que je ne m'en soucie pas : elle me dit en même-temps qu'il faudroit parler au Pere fortement. Outré de ces reproches, à ses derniers refus, je lui écrivis une lettre, que je crois que vous avez vue, à la maniere dont vous m'en parlez. J'en tirai une copie pour m'en faire honneur auprès de Me. de Montespan : je la lui montrai : elle me dit qu'elle étoit bien-aise que j'eusse ces sentimens, mais qu'il falloit les cacher. J'envoyai redemander ma lettre : elle étoit donnée : le Pere de la Chaise me promit qu'il ne la montreroit & n'en parleroit à personne, & cependant vous l'avez vue. Ce trait du Révérend Pere me surprend : car je sais bien que, quoique je sois un Gentilhomme de campagne, qui passe ma vie loin du monde, dans les plaisirs, toujours dans les forêts, avec M. de la Rochette, rien ne seroit capable de me faire manquer à ma parole.

Comme il faut toujours finir par dire ses péchés à son Confesseur, je veux vous avouer à présent la cause de toutes mes dettes passées, sans comparaison avec la contrition d'un bon pénitent, & la crainte d'une juste réprimande ou remontrance, que je crains plus que celles de Me. de Montespan, parce qu'elles sont toujours autorisées de la raison. Dans l'impossibilité que j'ai trouvé d'être à Marly sans jouer, & ne trouvant personne qui voulût jouer petit jeu, je perdis cent pistoles contre M. de Richelieu, & autant contre le Comte de Grammont. N'interprétez point mal, je vous conjure, l'excès de ma crainte : & me donnez plutôt courage, puisque ce qui la rend si grande, est le chagrin de vous avoir fâchée, & je ne puis lui donner un nom qui convienne mieux que celui de crainte filiale.

Je serois inconsolable de vous voir rougir pour moi. On est prévenu en ma faveur, parce qu'on sait que vous m'avez élevé. J'ai mille fois éprouvé avec quel plaisir vous publiez le bien & cachez le mal. Si vous n'aviez point trompé le public en cachant les petites opiniâtretés que j'avois dans mon enfance, je n'aurois pas la réputation que vous m'avez faite. je n'entreprends point votre éloge : Je suis trop jeune pour un si grand ouvrage. Je dirai seulement, pour donner quelque teinture de vous, que vous avez su accorder la faveur du plus grand Roi du monde avec l'amitié de tous ses sujets.

LETTRE II.

Du même.

Devant Philisbourg, ce 7 Octobre 1688.

Nous arrivâmes hier ici, Madame, fort fatigués. Monseigneur avoua qu'il n'en pouvoit plus. La lassitude ne m'ôta point l'appétit : je mangeai des oignons, & je couchai sur la paille, où l'on dort fort bien dix heures de suite. Je ne puis exprimer mon impatience de voir la Place de plus près : car hier M. de Duras m'en fit passer assez loin, à la réserve de deux ou trois endroits à la portée du canon, où l'on fit passer Monseigneur, lui dixieme. Ce matin il est monté à cheval à huit heures, & a été se promener à la tête de quelques camps. Il a été voir ensuite l'endroit où l'on a débarqué les canons, qui n'est guere éloigné de Reinhausen. De-là il a été à un pont, qu'il ordonna hier que l'on jettât du côté de Spire : cela sera d'une grande utilité, parce que par-là le chemin est beaucoup plus court que par l'autre côté. Celui qui bâtit le pont s'appelle M. de Viffac, dont on fe loue extrêmement. J'ai oublié de vous dire que, comme l'endroit où Monfeigneur vouloit aller, étoit fort découvert, on a pris la même précaution qu'hier; c'eft-à-dire, de faire demeurer derriere le gros de fa fuite. Je me fuis avancé feul avec lui : comme l'on étoit vu à plein de la place, les ennemis ont braqué de notre côté deux pieces de canon de douze livres de balle chacune. Le boulet de la premiere a donné dans le Rhin, & celui de la feconde a paffé par-deffus notre tête à toute volée. Quatre payfans, qui étoient derriere, fe font jettés ventre à terre, & le boulet a été trouvé à cent pas de-là. Je fais ce que je puis pour captiver la bienveillance de ceux que vous me nommâtes avant que de partir, & je les trouve bien difpofés en ma faveur. J'aurai l'honneur d'écrire demain au Roi : vous jugez bien, Madame, que ce détail n'eft pas pour vous toute feule. Hier au foir il y eut un de la place qui vint fe rendre à nous : il dit que la place n'avoit pas grandes munitions : qu'il y avoit trois jours que M. de Staremberg, le Gouverneur, ne s'étoit montré : qu'on difoit qu'il étoit incommodé, & fort haï de la garnison. Je crois que le siege ne durera guere. Ma santé est fort bonne, Dieu merci : faites-moi savoir l'état de la vôtre. Je vous prie aussi de dire au Roi qu'il ne juge pas de mon style par la premiere lettre que je lui écrirai. Le quartier du Roi s'appelle Obernozen.

Louis-Auguste de Bourbon.

LETTRE III.

Octobre 1688.

IL ne se passe rien ici d'assez considérable pour que je le mande au Roi : la garnison a défilé devant Monseigneur : il l'a trouvée fort belle, & s'est étonné qu'elle se soit rendue sitôt : l'on a vu 900 femmes ou enfants. M. de Staremberg, le Gouverneur, lui a dit qu'il étoit au désespoir d'avoir perdu une piece de cette conséquence-là pour son maître ; mais que ce lui étoit une consolation, que ce fût entre les mains d'un aussi grand Prince que lui. Nous allons après demain à Manheim, & je crois que nous serons bientôt de retour : j'ai prié Monseigneur,
en

en s'en retournant, de vouloir bien voir mon Régiment de Cavalerie qui est à Metz ; & il me l'a accordé.

LETTRE IV.

Ce 9 Novembre 1688.

J'Ai appris, Madame, par Mr. d'Antin, toutes les bontés du Roi & les vôtres, ce qui m'a fait un fort grand plaisir : je puis vous assurer que ma reconnoissance égalera toutes les qualités du dessus de votre lettre, & que j'acheterois bien cher une jambe pour que les effets pussent suivre ma bonne volonté. Il vient d'arriver un accident qui me touche au dernier point : nous avons perdu le brave Mornay. Mais je trouve M. de Montchevreuil bien heureux dans son malheur, d'avoir une personne comme vous auprès du Roi pour prendre soin de ses intérêts. Je vous supplie de vouloir bien vous charger d'un compliment pour Me. de Montchevreuil. M. de Nêle est fort mal : je monterai Vendredi la garde à la tranchée de la citadelle : & je vous assure qu'il ne m'arrivera pas de la descendre avant le bataillon, comme l'autre fois.

LETTRE V.

Ce 28 *Octobre* 1688.

JE crains bien, Madame, que vous ne me laissiez rouiller, de peur de me fatiguer. Pourquoi commencer un commerce, s'il devoit être sitôt rompu ? Je me corrigerai des fautes de style que vous remarquez dans mes lettres ; mais je crois que les longues phrases seront pour moi un long défaut. Je n'ai que faire de cultiver les bonnes graces de Monseigneur pour vous : il a trop bon esprit pour oublier le mérite : & il est trop dans les mêmes sentiments du Roi, pour ne se pas souvenir du vôtre.

J'ai déja commencé, Madame, à sentir les fatigues de la guerre : j'ai été trois jours & deux nuits sans changer de chemise : mais ce n'est rien pour les fils les plus délicats des Rois. Il y a une si grande quantité de sur-touts à ce voyage, que je ne doute pas que cette campagne ne soit appellée la Campagne des sur-touts. Nos personnes se portent fort bien, mais nos équipages très-mal. M. le Maréchal en use toujours avec moi à merveille, &

je vous dirai ingénuement que j'espere réussir à ce métier-ci. Toutes vos lettres me font un étrange portrait de la Cour: & ce qui me surprend, c'est que, malgré tous les faux rapports que l'on vous fait de moi, & auxquels même il me paroît que vous avez assez de foi, vous espérez qu'à mon retour je mettrai les choses sur un autre pied : soyez sûre du moins que je rendrai hardiment témoignage à la vérité, & que je saurai bien empêcher que les innocents ne souffrent pour les coupables. Ce discours n'a d'autre fondement qu'une grande intégrité, qui est la vertu que je me propose. Je vous supplie, Madame, de continuer toujours à me mander ce qui vous revient de moi : cela tournera à votre profit, ou au mien. Si les rapports sont véritables, je profiterai de vos avis : s'ils sont faux, mes réponses vous feront connoître vos gens. Je suis bien-aise que Madame la Duchesse fasse bien : il faut qu'un de ses principaux mérites soit de ne point m'écrire : car je reçois très-rarement de ses lettres ; l'amitié que j'ai pour elle est si solide, que je me console de n'avoir point de ses nouvelles, si avec cette conduite elle trouve la paix & son compte.

LETTRE VI.

Ce 25 Octobre.

Nous recevons, Madame, tous les jours des réprimandes de ce que nous n'écrivons point, & tous les jours nous écrivons. C'est bien la chose la plus cruelle de se tuer à mander ce qui se passe, & de se désespérer ensuite de ce que tout est ignoré. Depuis que vous m'avez mandé de donner mes lettres à M. de Saint-Pouange, je l'ai toujours fait : & j'apprends que vous n'en recevez pas davantage. Dès que j'ai prié Dieu, j'écris : j'écris dès que je suis habillé ; j'écris dès que je descends de la tranchée ; j'écris dès que je descends de cheval : je ne fais autre chose : & cette chose si importante, si régulièrement faite, est perdue. Il faudroit que je fusse le plus sot homme du monde pour ne pas profiter de la permission que le Roi m'a donnée. Aussi n'ai-je pas cela à me reprocher : car depuis que je suis ici, je lui ai écrit six lettres. Je suis ravi qu'on loue & qu'on fasse valoir Monseigneur, puisqu'il le mérite : mais je voudrois aussi que l'on parlât de moi, qui fais de mon mieux, & qui ne réuſſis pas mal. Vos ſentimens dépendent donc de la négligence d'un miſérable courier ! Au-lieu de m'encourager au moment où je ſuis en péril, vous vous affligez : & au moment que je n'y ſuis plus, vous me grondez : aimez-moi, Madame, un peu plus à propos. M. de Montchevreuil eſt auſſi triſte que moi : mais ſi nous ne vous aimions pas auſſi tendrement, vos reproches nous toucheroient moins. Je vous demande pardon de la vivacité de ma lettre, ſi elle vous fâche. Mais je n'ai pu me laiſſer attaquer ſans me défendre. Voici la onzieme lettre que je vous écris, & je n'en ai reçu que ſix de vous. Peut-on avec bienſéance finir des reproches par une priere ? Je voudrois que dans l'occaſion vous diſſiez à Me. de Monteſpan que nous manquerons bientôt d'argent. J'ai ouï dire qu'elle renvoye M. de Malezieux : ce qui ne me ſurprend point : car je ſais qu'elle a toujours peur qu'on ne la vole, quoique M. de Montchevreuil n'ait point du tout l'air à cela.

Ma ſanté eſt bonne, Dieu merci ; mais elle ne durera guere, ſi vous continuez à n'être pas contente de moi : vous m'avez appris aſſez de maximes pour que je puiſſe vous donner celle-ci, qui eſt d'excuser vos amis : commencez par moi, puisque je suis celui de tous qui vous est & sera toujours le plus fidele. Adieu.

Louis-Auguste de Bourbon.

LETTRE VII.

Au Camp de Piston, ce 31 Mai 1689.

JE n'ai pas manqué de dire à Chambonas ce que vous m'avez ordonné. L'air de la guerre m'est fort bon : j'y dors & mange bien, & ne bois guere : les Officiers paroissent assez contents de moi : & mes valets me donnent des louanges. Quand je partis, j'oubliai de demander au Roi si le Régiment des Gardes Suisses ne devoit pas battre aux champs pour moi, comme Général des Suisses, dès qu'il n'étoit pas dans un lieu. Je vous supplie de vouloir bien lui en parler, & me mander son intention là-dessus. Les premieres choses tirent à conséquence, & personne ne sait mieux si cela se doit que M. Stoppa. Je crois que c'est une mauvaise plaisanterie que vous me faites, quand vous me mandez que vous aviez vu l'objet de ma passion. Je n'ai pas été plus savant pour cela. Je n'écris point au Roi, parce que je n'ai rien à lui mander. Il faudroit que l'ennemi se montrât à nous pour nous réjouir : car on fait quasi tous les jours la même chose, & l'on s'en lasse. Il y une grande union entre le Maréchal & moi ; & la maniere dont il en use, mérite bien que vous lui en fassiez un remerciment. Adieu, Madame : je vous assure que je n'oublierai jamais que le Roi a fait de moi un Prince, & vous, un honnête homme.

M. de Richmond est arrivé. Je lui ai donné la main, comme le Roi me l'avoit ordonné. Je vous supplie de lui demander comme il veut que j'en use avec le Comte de Soissons, qui est aussi dans l'armée. Nous allons partir pour aller à Senef.

LETTRE VIII.

A Pictlon, ce 7 Juin 1689.

JE mande à 240 que vous m'aviez écrit qu'elle méritoit de plus grandes réprimandes que celles que 200 lui avoit faites : je vous réponds que 44 songera à lui sur toutes choses : il s'est bien douté que quand 7 lui refusa ce qu'il lui avoit demandé, c'étoit par la raison que vous me mandez, qui étoit celle aussi qui lui faisoit souhaiter plus ardemment. De plus, Madame, songez, s'il vous plaît, que la conduite de 47 a été fort épurée, qu'il y a long-temps qu'il a des Régiments, & que 27 n'en a point. L'application au service mérite bien quelque récompense. Vous avez tant d'envie de faire plaisir au Maréchal d'Humieres & à moi, que je me crois obligé de vous dire que dans une conversation que j'eus avec lui, il me témoigna, en me demandant mes bons offices, que la seule chose qu'il souhaitoit présentement, étoit d'être Duc, & il me dit de fort bonnes raisons pour cela. Si le Roi lui accorde cette grace pendant la campagne, le Maréchal croira m'en être obligé : mais ce qui me feroit encore plus de plaisir, seroit que le Roi voulût bien me charger de lui promettre cet honneur, ou m'adresser la lettre par laquelle il le lui accordera. La raison qui me fit parler pour M. de Luxembourg, me fit parler pour celui-ci, qui est le meilleur homme du monde, & que j'aime tout-à-fait. Croyez, Madame, que je n'oublierai jamais les sages maximes que vous m'avez données. On vous importune souvent; mais le Temple de Delphes étoit toujours plein, à cause de la confiance qu'on avoit à l'oracle.

LETTRE IX.

Ce 27 Juillet 1689.

Vous ne devez pas être fâchée, Madame, de me voir plus touché d'un reproche que de toutes les louanges que l'on me donne : & il me semble que cela ne peut partir que d'un bon fond. Vous me faites un véritable plaisir de me faire ma provision de compliments : car il y a là-dedans une espece du fausseté ou de bassesse, qui, chez moi, ne coule pas de source. Je vous prie de ne me point trahir quand vous reconnoîtrez les vôtres mot pour mot, d'autant plus qu'en ce pays, en devenant solide, on perd le talent de tourner finement les phrases. Enfin, l'on a fait réponse à ce que je vous avois écrit sur le Régiment des Gardes Suisses : mais elle est d'une maniere qui m'assure que l'on n'a pas entendu la question : car l'on mande que la garde de M. le Maréchal, c'est-à-dire, celles des Suisses, ne doit point prendre les armes pour moi, & que cela me fait plus d'honneur que si elle les prenoit : que la garde qui est devant le camp du Régiment des Gardes Suisses, doit prendre les armes & appeller pour moi : & à la fin de la lettre, que les Suisses doivent se conformer sur les François. Je réponds à cela, que les François de la garde de M. le Maréchal prennent les armes, & appellent pour moi, & par conséquent les Suisses : que la garde des Suisses, qui est à la tête du camp, prenant les armes & appellant pour moi, ne fait rien aussi que les Gardes Françoises ne fassent : si bien donc, Madame, que les Suisses font la même chose que les François. Après avoir répondu aux trois questions que l'on me fait, je vous dirai que tous ces honneurs-là ne me sont rendus que comme Prince du Sang : qu'outre cette dignité, je suis encore plus pour les Suisses, puisque je suis leur Général, & que les Gardes Suisses, hors dans les maisons Royales, ont toujours battu au champ pour ceux qui possédoient cette charge, aussi-bien que les François pour le Général de l'Infanterie Françoise. Ce que je vous dis est un fait que le Roi peut demander à tous les vieux Officiers. Outre cela, une différence, c'est que les Suisses de la Garde du Roi prennent les armes, & appellent pour moi ; ce que les François ne font point : par conséquent, puisque les François appellent ici pour moi, les Suisses en doivent faire davantage : sans compter que la regle est, qu'à l'armée on bat au champ pour ceux pour qui l'on appelle à la garde du Roi. A présent que j'ai dit mes raisons, on fera ce que l'on voudra : ce n'est qu'un simple honneur qui ne tire point à conséquence : on n'ira pas me l'ôter : car pour les fonctions de la charge, je n'en parle pas, puisqu'on croit que le service du Roi en ira mieux. Demander sans passion, me soumettre sans murmure, voilà ma maxime. Il est vrai que ma grandeur tient à celle du Roi.

LETTRE X.

Ce 9 Août 1689.

LE Chirurgien est venu : je crains bien que nous n'ayons pas besoin de lui. Je vous parle peu de moi : il seroit triste de vous en mander du mal, & ridicule de vous en mander du bien. Je vois avec douleur que le Roi ne m'a fait depuis long-temps ses compliments : j'ai beau m'examiner, je me trouve fans faute, comme M. le Ragois trouvoit mes thêmes.

Nous avons reçu aujourd'hui d'assez bonnes nouvelles d'Irlande : on nous mande que M. Roze n'a pas voulu recevoir à capitulation la Ville de Londondery. Je vous supplie de dire au Roi que je ne me donne point l'honneur de lui écrire, parce que je n'ai point assez de matiere pour une lettre, puisque je ne sais autre chose, sinon que nos ennemis ont été campés ce matin à Nivelle. Il y a grande apparence qu'ils veulent aller plus loin : car où ils sont, il n'y a pas assez de fourrages pour faire subsister quelques jours leur armée. La nôtre, Madame, est bien en état d'entreprendre quelque chose : & il me semble que cela seroit bien glorieux au Roi, & en même-temps bien aisé à nous. M. le Maréchal attend, pour prendre son parti, qu'il puisse être sûr de celui que les ennemis auront pris. Si le Roi le laissoit faire, comme on nous mande qu'il l'a dit à Versailles, je crois que nous ferions parler de nous, sans beaucoup hasarder : car, sur les lieux, on voit les temps propres à entreprendre les choses, & vous ne pouvez voir les moments de si loin. M. le Maréchal craint avec raison qu'après le bruit que le Roi a fait courir, qu'il l'avoit laiſſé maître de ſes actions, l'on n'ait mauvaiſe opinion de lui, de n'avoir encore rien entrepris. Je vous avoue, Madame, que je brûle d'impatience de voir ſi je ne déments point le ſang dont je ſors, & ſi je mérite toutes les bontés que le Roi a toujours eues pour moi. Je vous prie de vouloir bien me fournir des fins de lettres, car je n'en ai plus que deux.

Il n'y a donc que les Suiſſes ſur quoi vous n'ayez point d'eſprit! Reliſez ma lettre, mais d'un bon ton, & vous n'y trouverez point de chagrin. Je n'ai fait que dire mes raiſons, & je les ai dites comme ſi je n'en avois pas de plus fortes dans le cœur du Roi & dans le vôtre! Je ſuis bon diable, & je ne me fâche pas aiſément. J'avoue que je n'entends pas bien les railleries par écrit : mais au-lieu de date, mettez au commencement de vos lettres l'état de votre humeur, & je vous entendrai bien.

LETTRE XI.

Au Camp des Eſtines.

JE croyois, Madame, voyant les ennemis foibles, que nous pourrions entreprendre quelque choſe en ce pays-ci: mais par les dernieres lettres que M. le Maréchal a reçues, il me paroît que bien-loin de nous faire profiter de notre ſupériorité, on démembre notre armée. J'aurois lieu d'être un peu fâché de voir que l'on ne m'a envoyé de ce côté, que pour me conſerver & m'apprendre à viſiter des camps. Malgré l'amitié que j'ai pour M. le Maréchal, je ne puis voir ſans douleur l'oiſiveté où l'on tient ſes troupes. Il m'a donné de bonnes maximes générales, & je commence à ſavoir comme l'on doit ſe comporter dans les armées. Vous êtes de trop bon ſens, pour ne pas voir que quand on eſt deſtiné à une choſe, il y a plaiſir de s'y rendre habile en peu de temps, & qu'on n'y peut parvenir qu'en voyant faire les autres. Pourquoi donc pouvant me faire voir la guerre, & le Roi m'ayant témoigné ſon impatience de m'y voir réuſſir, pourquoi me fait-on perdre une année ? Car celle-ci ne peut être comptée. Puisque le Régiment du Maine est si bon, que le Roi s'en serve ! Il n'aura peut-être jamais plus de besoin de ses bonnes troupes : & puisqu'ici il ne fait que croupir dans l'oisiveté, que ne l'envoye-t-on en Allemagne, où je pourrai servir le Roi & apprendre mon métier ? Je meurs d'envie de voir si je vaux quelque chose. Il n'y aura qu'à me recommander à Chanlay. Vous m'aimez trop solidement, Madame, pour ne pas approuver ma lettre, quand vous y aurez fait réflexion, & pour ne pas persuader le Roi.

LETTRE XII.

Au Camp de Horn, ce 14 Septembre 1689.

NOus apprîmes hier par Bruxelles la prise de Mayence, qui nous étonna beaucoup : on en dit même des particularités qui empêchent d'en douter. M. de Cour, Madame, me dit que vous l'aviez chargé de faire une sollicitation à M. le Maréchal. Mais M. de Louvois ne vouloit plus entendre parler de cette affaire. Il s'en faut bien que je sois de l'avis de Me. de Montespan sur ma campagne : j'ai été fort allarmé, quand j'ai vu dans la lettre que vous écriviez à M. de Cour, que vous espérez me revoir à votre retour de Fontainebleau. Quoique je ne fasse pas grand'chose ici, j'y fais toujours plus qu'à la Cour, où je ne fais que clopiner devant des gens à qui je fais de la peine, au-lieu que j'apprends ici mon métier : & je n'y vois point Madame la Duchesse, que vous craignez toujours qui ne me gâte : je ne manque pas, comme vous voyez, de raisons pour demander à servir long-temps, sans parler de l'extrême envie que j'en ai. Tous les Officiers disent ici que le véritable temps d'entreprendre est arrivé. Je n'écris qu'un mot au Roi : il vaut mieux qu'une lettre soit courte que languissante. Sa Majesté aura bien de la peine à trouver mieux que le Maréchal d'Humieres ou M. de Luxembourg. Sans s'être concertés avec le Roi ni avec vous, ils m'ont toujours donné les mêmes maximes.

Je commence à être persuadé que tous les bons offices que l'on m'a rendus ne feront que me nuire : car les manieres de ce pays-ci, où l'on ne voit que des hommes, sont bien différentes de celles de la Cour, où l'on est environné de femmes qui n'ont pas toutes votre solidité. Vous trouverez seulement que je suis plus occupé de ma grandeur que je ne l'étois, & que je serai bien-aise de faire conclure cet hyver le bon mariage que vous savez. Si le Roi veut que je lui écrive plus souvent, il est fort le maître : qu'il me fasse voir plus de choses.

LETTRE XIII.

Au Camp de Deinsse, ce 16 Juin 1690.

JE ne me sens pas, Madame, de la lettre du Roi & de la vôtre : la joie m'empêche souvent de m'exprimer : c'est ce qui me fait craindre de n'en pas assez témoigner au Roi. Mais vous me connoissez, & savez à quel point je sens tout ce qui me vient de sa part : dites-lui bien tout, Madame, je vous en prie, & peignez-moi pénétré de toutes ses bontés : cherchez les termes les plus forts, & craignez encore avec tout votre esprit de n'en pas dire assez : prenez ensuite pour vous, & donnez là-dessus carriere à votre imagination : je ne me gâte point : les dernieres graces me touchent autant que les premieres. Je suis ravi que le foible que vous avez naturellement pour moi se fortifie de l'estime, si c'est pour n'en jamais voir la fin. Si j'ai de l'ambition! j'en creve. Soyez un autre moi-même : & tandis que je ne demande ici qu'à me sacrifier pour le service du Roi & de l'Etat, que je sois aussi à Versailles pour prendre soin de mes intérêts. Travaillez pour votre cher enfant, si vous le trouvez digne de l'avouer pour tel : & souvenez-vous qu'en ceci les autres Princes ne tirent point à conséquence, & profitez-en.

Je suis bien honteux de toutes les louanges qu'on me donne, & de tous les compliments que je reçois. Quelle idée peut-on avoir des François, quand on voit crier au miracle à un homme qui n'a fait simplement que son devoir! Que de plaisir j'aurois, Madame, à vous embrasser, & à voir la joie peinte sur le majestueux visage du Roi!

LETTRE XIV.

Au Camp, ce 3 Juillet 1690.

JE suis ravi, Madame, j'ai vu une bataille : c'est une marque de mon bonheur. Je m'en porte bien, Dieu merci.

Je n'aurois jamais fait si je disois du bien de tous ceux qui le méritent : je me contenterai seulement, Madame, de vous assurer, que Vaudeuil mériteroit bien d'être Maréchal-de-Camp, & que je m'estimerois heureux, si le Roi pouvoit être content des services du *pauvre Gambillard*.

LETTRE XV.

Au Camp de Farcine, ce 16 Juillet 1690.

SI je n'ai pas encore fait mes dévotions, il y a, je l'ose dire, Madame, de la faute du Pere de la Chaise, qui n'a point fait de réponse aux lettres que M. d'Antin lui a écrites de ma part. Je ne suis point surpris que vous me croyiez plongé dans le libertinage, du moment qu'il vous est revenu que j'avois passé une fête sans communier : car à la Cour, on ne connoît point les milieux. Si je n'étois pas homme de bien naturellement, je ne serois pas assez sot pour le faire paroître. Je tiens dans la regle le plus que je puis, ceux que j'ai l'honneur de commander ; je secours les misérables : j'empêche les querelles, & je n'ai jamais fait de mal à personne, pas même à ceux qui le méritent. J'ajouterai, Madame, que je ne me leve, ni ne me couche, que je ne songe que je puis mourir à tous moments : que le jour du combat, il n'y avoit aucune apparence qu'il dût rien se passer : que quand on choqua les ennemis, ce fut avec une tête où il n'y avoit assurément point d'Aumônier. Le lendemain on croyoit si peu donner bataille, que l'on avoit fait faire sur la Sambre trois ponts, dans le dessein d'y faire passer nos bagages : & quoique l'on cherchât, à l'endroit où je fus toujours, des Prêtres pour donner l'absolution, on n'en trouva point. Mes ennemis trouveront toujours à m'attaquer : ils n'ont rien à dire sur ma conduite : ils veulent noircir les replis de mon cœur, & vous voulez les croire. Je me flatte, Madame, d'être vraiment honnête homme : & je serois bien fâché que vous me crussiez sans mœurs, en un âge où, si je l'ose dire, je mérite quelque louange de me conduire comme je fais. Je vous assure que je pardonne de tout mon cœur à ceux qui, pour faire les bons valets, ne songent qu'à vous dire du mal d'un homme que vous aimez. Je ne conçois pas leur politique ; mais il y a des gens capables de toutes sortes de travers. Je suis, Madame, livré au public, & vous pouvez aisément vous éclaircir, si j'avance rien de faux. Je suis charmé de votre amitié, & je trouve qu'il n'y manque qu'à recevoir moins bien ceux qui vous disent du mal de votre mignon : vous y gagneriez bien du repos, & je conserverois votre amitié. Je donne à M. de Cour la liberté de me dire tout ce qu'il pense sur moi ; aussi me connoît-il mieux que moi-même. Je tends à la perfection, & l'on n'y parvient point avec les flatteurs. Continuez, Madame, à me dire mes vérités : je ne me lasserai pas de les entendre. Mais soyez toujours juste : il est étrange que depuis le temps que vous êtes à la Cour, vous n'ayez pas encore bien appris à donner le tort aux absents.

LETTRE XVI.

Devant Mons, ce 26 Mars 1691.

IL me semble, Madame, que le Roi est content de moi : mais je serois bien-aise de le savoir par vous. On n'a commencé à tirer le canon qu'aujourd'hui : & les assiégés paroissent jusqu'à présent les meilleures gens du monde. Le Roi

fut attaqué hier légérement de la goutte :
ce ne fera rien ; elle commence à diminuer.
Il tient mal la parole qu'il vous a
donnée : car outre la fatigue, il s'expofe
fi je l'ofe dire, comme feroit un jeune
fou, qui auroit fa réputation à établir.
Je vous prie de lui en mander votre avis :
car il fe fâche quand nous lui en parlons.
Je monterai demain la tranchée : je
puis bien vous répondre que je n'y épargnerai
ni ma perfonne, ni l'argent, pour
faire bien fervir le Roi. Le Prince d'Orange
n'a point encore pris fon parti, & nous
n'en avons pas beaucoup d'inquiétudes :
fouvenez-vous, Madame, que notre amitié
eft à toute épreuve, & que vous me
l'avez dit fouvent vous-même. Je fuis fort
bien avec Boufflers ; je l'ai affuré que
vous m'aviez plus d'une fois parlé de lui.
Je ne vous écris point de nouvelles. Apparemment
celui qui les fait vous en
informe, & peut-être même vous en dit-
il quelques-unes d'avance. Cette entreprife-ci
eft la plus audacieufe qui foit encore
entrée dans l'efprit de l'homme.
Le Roi nous affure que vous faites
un grand plaifir de venir au-devant des
guerriers, & que vous êtes là-deffus
comme un enfant. Je compte beaucoup
fur mon zele, & fort peu fur ma capacité.

LETTRE XVII.

Au Camp de Halle, 1 Juin.

MOnsieur le Duc de Chartres nous a joints, & m'a fort dit toutes les instructions que vous lui aviez données en partant, & la promesse que vous aviez voulu tirer de lui, qu'il se corrigeroit de certaines petites choses. Vous devez être contente de lui, & croire qu'il est homme de parole : il me fait beaucoup d'amitiés, auxquelles je réponds, comme je dois, respectueusement, mais sans affectation. Je crois être obligé de vous mander qu'il ne m'a pas nommé le nom de Madame. Il a dîné chez moi, & il a soupé avec M. de Luxembourg : il nous a donné à manger. Il fut gaillard, quand il vit l'ennemi : enfin, il fait à merveille. Je suis fort bien aussi avec M. d'Arcy & avec l'Abbé du Bois. Je vous l'avouerai, Madame : je suis assez content de moi. J'ai bien de la peine à me consoler que la garnison de Halle se soit retirée : car, en qualité de Maréchal-de-Camp de jour, j'en aurois commandé l'attaque, & je crois, qu'avec un peu d'aide, j'aurois monté comme un autre. Vous savez sans doute que M. de Luxembourg fait merveilles pour moi, & moi pour lui : & vous ne sauriez vous imaginer combien mon pere est bien avec moi : qu'il est facile aux grands Seigneurs de faire plaisir ! Ces mots, *je suis content de vous*, m'ont plus touché que cette multitude de charges qu'il m'a données. Si Malezieux ne se soucioit pas plus d'argent que moi, vous gagneriez bien du repos. Dites au Roi combien je l'aime : je suis au désespoir de n'avoir qu'une vie à sacrifier à son service : mais je la sacrifierai, comme si j'en avois cent.

LETTRE XVIII.

Au Camp de Florennes, ce 27 Juillet 1691.

DEpuis que les ennemis ont repassé la Sambre, nous n'avons pas eu beaucoup de loisir. M. le Prince d'Orange nous tient de près : mais je commence à croire qu'il ne veut que nous importuner, & qu'il craint la décision. Empêchez le Roi, Madame, de tant travailler : en altérant sa santé, il gâtera plus nos affaires; qu'un peu moins d'application pour elles

elles ne pourroient faire. Je ne suis pas surpris de la joie de Monseigneur : car, quoique sa naissance pût lui faire espérer ce que le Roi a fait pour lui, c'est une marque d'estime & de confiance, qu'il faudroit être bien peu solide pour ne pas sentir vivement. Tout le monde est charmé du choix du Roi, & tous les pays étrangers seront ravis de revoir M. de Pomponne dans le Ministere. Nos affaires sont trop bien conduites pour aller mal. Conservez-nous le Roi ; & s'il ne veut pas songer à lui, forcez-le à le faire : ce sont-là les cas où il est permis de désobéir. Adieu, Madame.

LETTRE XIX.

Lundi.

JE suis ravi, Madame, que vous vous fassiez autant de plaisir de me montrer St. Cyr, que je m'en fais de le voir. Les principes de ce grand établissement sont bien sages, bien solides, bien avantageux pour l'Etat & pour la Noblesse : je vous reconnois dans le projet, & je suis certain de vous retrouver dans l'exécution. Vous aurez choisi les moyens les plus sûrs & les plus simples pour arriver au mieux. Je compte d'y apprendre quelque chose pour l'éducation de la jeunesse : & je me sens tout glorieux de songer que vous devez m'initier dans vos mysteres : j'appréhende seulement d'en avoir l'esprit tellement rempli, qu'il ne me reste plus guere de liberté pour traiter les graves propos, par lesquels vous me faites envisager que se terminera la fête. Je ne cesserai de vous assurer de ma reconnoissance : vous avez fait tant d'ingrats, Madame, que ce sentiment doit vous paroître nouveau.

LETTRE XX.

Versailles, ce 12 Mars 1710.

ON ne meurt point de joie, Madame, puisque je n'en suis pas mort, quand le Roi m'a fait l'honneur de me dire ce matin, qu'il étoit déterminé à toutes les graces que je lui avois demandées. Sans la Reine d'Angleterre, j'aurois été partager mon ravissement avec vous : l'épanchement de nos cœurs eût été bien unanime. L'avis que vous me donnez sur mes enfants, Madame, est rempli de bonté & de sagesse. Vous croyez bien aussi que ne songeant pas à me désaisir du Gouvernement de Languedoc, je les retiens toujours par l'incertitude de l'écoulement de cette grace, à laquelle naturellement entr'eux, sous le bon plaisir du Roi, dans la suite des temps, ma prédilection donnera le branle. Permettez-moi de chercher demain un moment pour vous embrasser.

LETTRE XXI.

A Versailles, ce 13 Avril 1710.

LE Marquis de Lassay, Madame, est allé à Paris, pour ne plus importuner le Roi par la trop fréquente vue de son triste & inquiet visage. C'étoit très-naturellement que je jouois le surpris: le jour de la revue passé, je ne savois plus à quoi m'attendre. Il est vrai que la manière d'annoncer une aussi grande grace eût été bien galante, bien brillante, & m'eût épargné bien des lettres de compliments de tous nos Messieurs: mais peut-être aussi qu'il m'en eût coûté la vie: car j'aurois voulu me précipiter de mon cheval pour faire mon remerciment, &

pour témoigner plus vivement devant tout le monde mon extrême reconnoissance, & la parfaite notion que j'ai du prix infini d'un semblable bienfait. Il vaut donc mieux pour moi que mes premiers mouvements soyent plus en particulier. J'aurai encore un double plaisir à les répandre & à les réitérer à chacun des gens à qui j'en apprendrai la nouvelle : si elle arrive cette semaine, ce Carême aura été délicieux pour moi. Je mentirois si je vous disois que je l'attends sans impatience. Mais je vous assure que c'est sans inquiétude, & que je suis pénétré de la tendre & active sollicitude, dont vous me donnez encore de si touchantes preuves. J'ai laissé absolument le choix d'une Dame d'honneur à Madame la Princesse : je n'aurois pas tant consulté son opinion pour le choix d'un Cavalcadour.

LETTRE XXII.

Versailles, ce 11 Avril 1711.

Voilà donc la petite-vérole déclarée, Madame ! Elle ne nous a pas surpris. Mais permettez-moi de vous redire encore un mot sur l'extrême inquiétude que j'ai pour la perfonne du Roi. Ne voyons point trop noir : fongez feulement, je vous en conjure, que dans un air de venin, la petite-vérole n'eft pas le feul mal que l'on puiffe prendre. Eh! où en ferions-nous fi mon pere.... Je n'ai pas la force d'achever! Au nom de Dieu, Madame, que le peu de fuccès que vous attendez de vos repréfentations ne vous empêche point de les faire bien vivement, & de vous joindre pour cela avec M. Fagon. J'ai eu le cœur vraiment touché ce matin des difpofitions de tendreffe que j'ai vues à M. le Duc de Bourgogne. Il m'a montré la lettre qu'il écrit au Roi, & m'a dit qu'il vous en écrivoit une encore plus forte. Le Roi ne doit point fe regarder comme un fimple particulier. Qu'il s'expofe pour fauver fon Etat, à un danger indifpenfable, nous tremblerons, mais nous ne l'en détournerons pas. Ici, il s'expofe fans néceffité & fans fruit : le falut de fon Etat lui demande de ne fe point expofer. Il peut en fe ménageant fatisfaire à fon inquiétude, & avoir à toutes les heures des nouvelles de Monfeigneur. Qu'il fe dife à lui-même ce qu'il vous a dit alors : qu'il fonge à la conjonéture où nous fommes : tout réfide en lui : le péril de Monfeigneur le doit preſſer de ménager le ſien. Enfin, Madame, n'ayez rien à vous reprocher pour ſa précieuſe conſervation. Vous ne ſauriez vous imaginer en quelle agitation je ſuis, & ce qui ſe paſſe en moi, ſéparé du Roi. Il eſt, en vérité, bien incommode de tant aimer!

LETTRE XXIII.

De Me. la Ducheſſe du Maine.

Verſailles, ce 15 Avril 1711.

AH! Madame! quel coup, & quel coup pour le Roi! ne me ſera-t-il point permis d'aller à Marly, pour mêler ma douleur avec la ſienne, & pour ſatisfaire à l'inquiétude que j'ai ſur ſa ſanté? J'attends ici vos ordres avec impatience: & je vous ſupplie, Madame, ſi l'on ne me permet point de me préſenter, d'aſſurer que je reſſens & que je penſe tout ce que je dois.

LETTRE XXIV.

De la même.

Juin 1711.

PErmettez-moi, s'il vous plaît, Madame, de n'employer mes premieres paroles qu'à excuser le désordre de mon esprit. Je ne sais si je suis véritablement en vie. M. le Duc du Maine m'apprit hier en arrivant l'effroyable état où il a été. Quoique ce soit lui-même qui m'en a fait le récit, je n'ose qu'à peine me flatter que ce soit lui qui me parle, & je sens bien que je perdrai le peu de raison que j'ai, si Dieu, qui, par sa miséricorde sur moi & sur mes enfants, vient de ressusciter mon mari, ne me fait la grace de remettre bientôt mon ame dans une assiette plus tranquille. Je sais, Madame, toutes les marques de tendresse que vous venez de lui donner dans cette malheureuse occasion. Si la foiblesse où je suis me permettoit de me traîner jusqu'à votre appartement, j'irois vous embrasser mille fois, pour vous en témoigner ma reconnoissance. Agréez, Madame, que cette lettre, toute mal faite qu'elle est, m'acquitte de ce devoir envers vous. Soyez, s'il vous plaît, bien persuadée que je vous regarderai toute ma vie avec des yeux de fille, & qu'il n'est pas possible d'avoir pour personne ni plus d'estime, ni plus de tendresse, ni plus de reconnoissance, ni plus de respect.

De M. le Duc du Maine.

Je vous recommande Guiry pour la Lieutenance-Générale du pays d'Aunis. Si vous saviez, Madame, combien on redouble d'ardeur de rendre service aux gens de mérite, quand on s'est vu près d'habiter une terre où l'on n'est bien escorté que par de bonnes œuvres !

LETTRE XXV.

De M. le Duc du Maine.

Versailles, ce 6 Janvier 1712.

LE billet dont vous m'avez honoré, Madame, est bien court : mais il dit tant de choses, & il est si flatteur, que je ne puis m'empêcher de vous en témoigner ma reconnoissance. Je l'envoye à M. le premier Président, pour qu'il sache d'original ce que vous me mandez de lui. Je puis, sans aucun risque, vous offrir tout mon crédit auprès de ce Magistrat. Il joint à beaucoup de bonnes qualités, une souplesse & une docilité d'esprit, qui, à ce que j'espere, mettront le Roi tout-à-fait à l'aise. Je suis en état aussi de répondre du respect & de la profonde estime qu'il a pour vous. Il vous en auroit assuré, Madame, s'il avoit eu l'honneur de vous voir : & il y auroit ajouté des actions de graces, que vous n'auriez peut-être pas voulu recevoir, & que je n'ai osé vous faire, mais qu'il est cependant bien difficile de se persuader que vous ne méritiez pas.

LETTRE XXVI.

De Mad. la Duchesse du Maine.

A Sceaux, ce 11 Février 1712.

VOus aimez M. le Duc du Maine, Madame : vous avez pour lui des entrailles de mere, & vous pardonnerez plus aisément qu'une autre aux inquiétudes d'une femme qui tremble pour lui. Je sais qu'il y a de l'indiscrétion à s'adresser à vous au milieu de la vive douleur qui vous occupe. Mais vos bontés, que nous avons tant de fois éprouvées, me font tout hasarder dans la cruelle situation où je me trouve. Je ne puis voir, sans frémir, M. le Duc du Maine respirer un air dont tant de funestes aventures nous marquent la corruption. Il n'a point eu de ces sortes de maladies : & il en est plus susceptible qu'un autre, par la délicatesse de sa complexion, & par les impressions que lui a fait son terrible accident. Avec tout cela, je sais, Madame, qu'il perdroit mille vies, plutôt que de songer un moment à s'éloigner du Roi : & quoiqu'il ne lui soit pas possible, en restant à Versailles, de ne pas commercer tous les jours avec des gens qui sont dans l'air, il passera certainement par-dessus toutes considérations, si votre tendresse véritablement maternelle ne fait violence à ses sentiments. Que ses trois enfants, que sa femme vous ayent encore, Madame, cette importante obligation ! Délivrez-nous tous par vos bontés d'une si cruelle inquiétude, & d'un péril qui peut-être ne nous laisseroit pas jouir long-temps de toutes les graces que vous nous avez procurées. Je me flatte, Madame, que vous m'accorderez encore celle-ci, que je vous demande les larmes aux yeux, & dont je garderai le souvenir jusqu'au dernier moment de ma vie.

LETTRE XXVII.

De la même.

Ce 14 Février 1712.

Quel malheur, Madame! quelle affliction pour le Roi! quelle perte pour la France! quel écrasement pour vous! Je sens tout trop vivement: mon cœur est déchiré: mais votre état en particulier donne un cruel redoublement à ma douleur, & je suis percée de tous les traits qui vous frappent. Une mort inopinée vous arrache la plus aimable des Princesses, l'ouvrage de vos mains, les délices de la France, dans le temps que tout le Royaume alloit recueillir le fruit de vos soins, & que vous commenciez vous-même à ressentir le succès d'une éducation qui vous avoit coûté tant de veilles! Voilà, Madame, une terrible prédication pour les Princes. Dieu me fasse la grace de la mettre à profit ! Pendant que je lui demanderai pour vous les consolations qui vous sont nécessares, (& avec un cœur si sensible, qui en eut jamais un plus grand besoin ?) obtenez pour moi de sa miséricorde, que cet exemple effroyable du néant des grandeurs humaines, me fasse penser sérieusement à celle qui ne doit jamais périr.

LETTRE XXVIII.

De M. le Duc du Maine.

A Versailles, ce 6 Mars 1712.

L'Histoire de Crécy, qui vous est revenue, Madame, est véritable : c'est chez l'Abbé de Mornay qu'on vit cet Abbé à lunettes qui nous est inconnu. Je n'aime point tous ces raisonneurs sur l'avenir : & celui-ci ne s'expliqua point de la manière dont lui étoient venues ses notions. Il est seulement certain qu'il fit ses malheureux pronostics pendant le premier Marly de cette année, & qu'il désigna pour le temps de crise les environs du 14 ou 15 Février. Il ne seroit peut-être pas mauvais de questionner cet Abbé, qui va quelquefois, dit-on, chez M. de Torcy. Je suis accablé, Madame, de ce que j'apprends à ce moment de nos Enfants Royaux.

LETTRE XXIX.

Du même.

A Versailles, ce 9 Mars 1712.

JUsques à quand, Madame, plaira-t-il à Dieu de nous frapper ? Hélas ! que ceux qui sont morts dans le Seigneur sont heureux, tant par ce qu'ils ont trouvé, que par ce qu'ils ont quitté ! Aussi n'est-ce pas sur eux qu'il faut pleurer : c'est sur nous, qui restons. Qu'allons-nous voir ? & qu'est-ce que tout ceci nous annonce ? Si nous perdions encore M. le Duc d'Anjou, que de nouveaux obstacles à la paix ! Et si tout roule sur la vie d'un enfant de deux ans, dont même la complexion est assez foible, que nous reste-t-il à envisager pour l'avenir ? & que ne pourront pas dire pour le présent, les perturbateurs du repos public dans les pays étrangers ? En sortant des craintes, à l'aspect d'une minorité, l'on retombé dans celles d'un mal actuel, dont la fin ne peut se prévoir. Toutes ces idées sont bien accablantes : elles augmentent de moment en moment le prix de la conservation du Roi. Rien n'est plus flatteur, Madame, que l'attention que vous avez pour mes enfants au milieu de nos calamités. C'est eux, en effet, qui, suivant le cours de la nature, sont à plaindre, & non pas moi, qui puis espérer, avec quelque vraisemblance, que le Roi me survivra. Cependant l'instinct qui nous porte à conserver notre sang, suivant l'ordre de la Providence, me les a fait envoyer à Sceaux. Je comptois que Mad. la Duchesse du Maine les suivroit de près : mais son inquiétude sur le sort des deux petits Princes, l'a emporté jusqu'à présent sur ses frayeurs personnelles. Adieu, Madame : je ne puis encore dans ces premiers instants me résoudre à vous voir. Où en serions-nous, si nous ne croyions pas en Dieu !

LETTRE XXX.

Ce Mardi 1712.

EN partant pour Anet, Madame, je reçois une lettre de Mad. la Princesse de Conti, qui se ravise de son indiscrétion, & qui me mande de dire au Roi qu'elle seroit très-contente de n'avoir que le Gouvernement. Comme peut-être le temps presse, & que je n'aurai l'honneur de voir le Roi que ce soir, je crois m'acquitter de ma commission en vous l'adressant. Vous voyez en cette conjoncture l'opinion qu'on a de ma probité, & qu'on ne doute pas que, pour faire plaisir aux autres, je n'oublie que le Comte d'Eu est & sera dans le besoin, quoique je fusse fort aise qu'il fût sur le petit mémorial de Sa Majesté, & que, s'il avoit le Gouvernement de Provence, ce fût comme si M. de Vendôme vivoit encore. J'ai été gratifié en perspective depuis trop peu de temps, pour revenir sitôt à la charge, malgré le courage que devroit donner la demande de M. de la Rocheguyon. En effet, s'il s'agissoit de distribution de pensions, j'ai beau être l'homme du monde le plus serviable, & le moins âpre à la demande, je représenterois bien vivement à notre véritable pere, & à vous, Madame, qui nous tenez lieu de mere, que le Comte d'Eu ne pouvant envisager sur mon bien que dix ou douze mille livres de rente, il n'a, pour toute ressource, que la charge de grand-Maître d'Artillerie, qu'il aura achetée par la mort d'un pere qui compte de ne la pas laisser sitôt.

Voilà, Madame, ce que j'allois vous dire hier, quand Me. la Duchesse d'Orléans entra, & ce qui mérite, je crois, quelque attention, mais qui pourtant ne demande nulle réponse. Je me flatte que vous aurez approuvé la maniere dont j'ai eu l'honneur de parler à Sa Majesté, en faveur de M. de Charolois : les Princes du Sang, quoiqu'ils fassent, auront toujours en moi un ami.

LETTRE XXXI.

Ce 23 Juin 1712.

Depuis que je suis sorti de chez vous, Madame, ayant réfléchi sur le chagrin dans lequel vous m'avez dit qu'étoit le Roi sur la distribution de ce que la mort de M. de Vendôme fait vaquer, j'ai craint d'y avoir contribué par le dernier article de la lettre que je vous écrivis avant-hier. Je vous proteste donc, Madame, que je serois au désespoir qu'il eût produit cet effet. La même bonté qui donne la liberté de parler naïvement de ses intérêts les plus intimes, au Roi & à vous, comme aux chefs de la famille, requiert aussi que Sa Majesté ne se tienne ni importunée des demandes, ni embarrassée des refus, ni inquiete des mécontentements : tout ce que je pense & pourrai penser de ma vie, pour moi ou pour les miens, est uniquement relatif à lui. Compatissez, je vous en conjure, à la délicatesse de mon cœur, qui fait aller le bon plaisir de Sa Majesté, & sa bonne humeur, bien avant le parfait établissement du Comte d'Eu, & même avant ma vie.

LETTRE XXXII.

Versailles, ce 10 Octobre 1712.

Non, vraiment, Madame, je n'avois pas oui dire que vous vouliez vous rendre encore plus invisible que vous n'étiez : l'air de Rambouillet est un fort mauvais air, s'il vous a inspiré cette mélancolique idée ; & nous sommes moins que jamais dans un temps à vous faire éviter les conversations de certaines gens. A qui parleroit-on du Roi & de l'État, sinon à vous, qui aimez si chérement l'un & l'autre ? Je franchirai demain cette barriere, que vous m'avez souvent reproché de trop respecter. Il me faudra une grande audience pour vous rendre compte des projets que je fais, en conséquence des volontés du Roi, pour notre accommodement de famille, des peines que j'ai à me donner pour cela, des mesures que j'ai à garder, & des inconvénients que je dois éviter dans des discussions qui ne se comprennent pas d'abord, & que Sa Majesté ignorera toujours, quand elle n'en entendra parler qu'à M. de Pontchartrain, qui trouve en lui-même peu de contrainte à dire tout ce qu'il lui plaît. Je rendrai ma converſation un peu hiſtorique ſur une matiere que vous trouverez encore bien ſeche; mais dans laquelle, pour ma conſolation de l'événement douteux du fruit de mes travaux, j'ai beſoin d'un témoin tel que vous. Le repos de la bonne conſcience ne tranquilliſe pas tant avec les hommes qu'avec Dieu, qui lit dans les cœurs. Au reſte, Madame, je combattrai le plus que je pourrai (pardonnez-moi cette expreſſion) les vifs mouvements de ma tendreſſe.

LETTRE XXXIII.

Ce 1 Janvier 1713.

IL auroit été trop commun, Madame, d'aller ce matin à votre porte, pour vous faire, ſur la nouvelle année, un compliment d'une ſincérité un peu commune. Voyez tout ce que je vous dois, depuis le moment où je ſuis né, juſqu'au moment où je reſpire : rappellez les connoiſſances que vous avez du cœur que vous avez formé, & puis dites-vous à vous-même tout ce que je voudrois vous dire, qui eſt fort au-deſſous de tout ce que je sens. J'ai quelque chose d'important à vous communiquer ; mais, s'il vous plaît, n'ayez point mal à la tête. Plus je réfléchis sur les différentes marques que vous me donnez de la plus délicate, scrupuleuse, sincere & profonde amitié, plus je vois combien j'ai de raisons de vous adorer.

LETTRE XXXIV.

Mercredi 1714.

DEpuis que je vois, Madame, que M. le premier Président est une des causes secondes dont Dieu s'est servi pour déterminer le Roi, j'ai bien plus de respect que je n'avois pour son sentiment. Aussi, Madame, je crois ne pouvoir me dispenser de vous envoyer la réponse que je viens de recevoir de lui, à la lettre, par laquelle je lui marquois ce que le Roi avoit dit hier à M. le Chancelier sur le projet des Patentes. Ces dernieres réflexions sont très-importantes : la chose est assez grave pour n'y rien manquer pendant qu'on y est, & les affaires malheureuses du Clergé nous font connoître que les formes demandent autant d'attention que le fond. Le Roi s'attend au bruit que ceci fera, & il fera certainement moindre & moins fécond en pauvretés, quand on procédera suivant les formalités. Le Roi ne doit pas être en peine de la réponse des Princes : ils seront charmés de s'en faire un mérite, qu'il sera bon de leur laisser. Dès qu'on aura leur consentement, il n'y a pas de difficulté à l'énoncer, sur-tout celui de M. le Duc d'Orléans, qui, pour des incertitudes de cérémonial, pourroit bien ne pas aller au Parlement. Pardon, Madame, & mille fois pardon ! Je n'ai point de folle inquiétude : je ne vous demande pas même de réponse : mais il faut, s'il se peut, se mettre en sûreté dans le port.

Je vous envoye un mémoire dont je suis convaincu que vous n'aurez aucun usage à faire : car je ne crois pas possible que le Roi hésite à répondre *oui*, même avant que de l'avoir vu. M. le Premier Président, qui se connoît en style d'Edits, m'a dit, que s'il n'avoit pas fait la proposition que nous prissions le titre de Princes du sang, c'est que cela étoit naturel, nécessaire & incontestable : il ne vous en restera aucun doute, lorsque vous aurez employé une minute à la lecture de ce mémoire, qui vous parut si beau, avant que d'avoir sa derniere main.

LETTRE XXXV.

De Mad. la Duchesse du Maine.

Ce 29 Juillet 1714.

SI je m'abandonnois à toute ma joie, je partirois, Madame, dans le moment pour aller enbrasser les genoux du Roi, & vous embrasser vous-même. Je connois dans toute son étendue la grace prodigieuse que ce grand Prince daigne répandre sur ma famille. Je n'ignore pas, Madame, combien votre tendresse pour M. le Duc du Maine & pour mes enfants y a contribué. Aussi apprendront-ils bientôt de ma bouche à partager entre vous & moi toute la tendresse, toute la reconnoissance & tout le respect qu'on doit à sa propre mere. Je vous en porte la parole pour eux, & je sais qu'ils la tiendront. Ils n'auront, pour remplir tous leurs devoirs à votre égard, qu'à se conformer à ma conduite, & à étudier mes sentiments. Achevez, Madame, achevez votre ouvrage. Exprimez, comme vous savez faire, à ce Roi aussi bon que grand, à quel point je suis pénétrée de ses bontés. Et puisque M. le Duc du Maine juge à propos que je modere mon empressement, pour ne point donner d'embarras à Marly, dites-lui, s'il vous plaît, tout ce que la plus vive & la plus respectueuse reconnoissance peut mettre dans la bouche d'une mere tendre, sensible & comblée. Vous parlerez bien mieux que moi, Madame, & d'ailleurs vous parlerez en votre nom & au mien, puisqu'en effet ma famille est la vôtre, & doit partager entre vous & moi les obligations que les enfants doivent remplir à l'égard de leurs parents, & désormais je pourrai les produire hardiment sans être embarrassée. Ah! Madame, que le Roi peut faire de grands miracles! Que votre intercession est puissante auprès de lui! & que vous êtes une bonne amie! Mais pourquoi me défendre un remerciment en forme? Pourquoi vouloir que j'aye secretement le cœur rempli de sentiments qu'il m'est impossible de taire!

LETTRE XXXVI.

De Mr. le Duc du Maine.

Versailles, ce 12 Août 1714.

LE Roi m'a ordonné, Madame, de lui donner aujourd'hui par vous quelques notions des idées de Madame la Princesse sur le rang de ses petites-filles. Vous aurez, s'il vous plaît, la bonté de lui dire que je l'ai fait pressentir par M. le Marquis de Lassay, & que je m'étois si peu trompé dans mes conjectures, que Madame la Princesse, au moins jusqu'à présent, persiste à vouloir faire expliquer Sa Majesté. Je n'oserois dire combien cela est de tout point extraordinaire : le Roi le sait mieux que moi, & le témoignera. Je ne doute pas même que cette bisarre chicane ne fasse qu'il ne reconnoisse de plus en plus combien ce qu'il a bien voulu déclarer en notre faveur étoit nécessaire, & qu'il ne se félicite doublement de ce qu'il a fait. Il y a eu, à ce qu'il m'est revenu, un peu de vivacité entre Madame la Princesse & Madame la Duchesse du Maine, sans que pourtant

pourtant cette derniere soit sortie des bornes du respect : elle n'a appuyé que sur ce qui la regarde personnellement : cependant la mauvaise humeur pourra en faire un sujet de plaintes. Vous jugez bien, Madame, que cette lettre, que je n'ose faire plus longue, est autant pour le Roi que pour vous.

P. S. C'est ainsi qu'on desire l'union.

LETTRE XXXVII.

Versailles, ce 13 Août 1714.

JE m'estime trop heureux, Madame, d'avoir fait de moi-même ce que vous m'auriez conseillé : je vous assure qu'outre le plaisir de faire effectivement un bien, j'ai été ravi de sauver ou d'adoucir au Roi une petite peine. Mais je ne saurois l'exempter tout-à-fait de dire que nous n'en avons pas imposé dans l'explication de ses volontés. Vous serez peut-être assez étonnée de savoir, Madame, que je n'ai encore reçu que de bouche des compliments de M. le Maréchal de Villeroi ; cela répond assez à la maniere dont il reçut l'année passée le mot *visant à ceci*, que vous fûtes si fâchée que Sa

Tome VII. P

Majesté lui eût lâché; mais il ne faut pas y prendre garde, quoique de pareilles choses ne laissent pas d'instruire. On marche avec une grande sécurité, Madame, quand on est soutenu par vos avis. Me. la Princesse de Conti voudroit fort avoir en main contre son fils une lettre de cachet, dont elle pût faire usage quand elle le jugeroit à propos, ou bien une lettre du Roi, portant ordre au Prince d'obéir à sa mere. C'est pour s'accréditer dans sa famille, où elle est presque comptée pour rien.

LETTRE XXXVIII.

Versailles, ce 14 Août 1714.

Depuis le billet que j'eus l'honneur de vous écrire hier, Madame, & auquel je crois que vous trouvâtes quelques obscurités, parce que vous ignoriez ce qui avoit précédé, M. le Marquis de Lassay, à ce qu'il m'a dit, a tant remontré à Madame la Princesse que la représentation qu'elle projettoit n'étoit point convenable, qu'enfin on l'assura (comme en effet il fut exécuté le soir) que Mlle. de Charolois iroit chez le Roi, & n'entreroit qu'après Madame la Duchesse du Maine : que si l'on parloit au Roi, ce ne seroit point d'une façon embarrassante : que le propos seroit seulement tourné sur les inquiétudes qu'on auroit par rapport aux filles de M. le Duc d'Orléans, à qui l'on suppose toujours des idées de distinction. Ainsi la scene ne sera point importune au Roi : & sans se peiner le moins du monde, il pourra dire, qu'il ne sauroit y avoir le moindre doute sur la préséance de Me. la Duchesse du Maine : ce discours même, Madame, sera d'autant meilleur, que Madame la Duchesse a dit à mon frere, cité comme témoin de la maniere dont Sa Majesté pensoit : *Une chose ne vaut guere, si elle ne vaut la peine d'être répétée.* Voilà le détail duquel le Roi me marqua hier avoir curiosité, par un mot qu'il me dit en passant. Me. la Duchesse du Maine est charmée de vous, & ressent bien vivement toutes vos amitiés. Que vous savez vous faire aimer !

LETTRE XXXIX.

De Mad. la Duchesse du Maine.

Ce 2 Septembre 1715.

Vous avez, Madame, aussi-bien que M. le Duc du Maine & moi, une cruelle distinction dans la perte affreuse que vient de faire la France. Nous ne pouvons attendre de consolation que de la part de Dieu, qui nous a frappés. Si je croyois, Madame, que vous approuvassiez que j'allasse mêler mes larmes avec les vôtres, je prendrois cette occasion pour vous renouveller les assurances de la vive reconnoissance que nous vous devons, aussi-bien que nos enfants, pour toutes les graces que vous leur avez tant de fois attirées. A toutes celles-là, Madame, je vous conjure instamment d'en ajouter encore une : c'est de prier dans votre sainte solitude pour vos amis exposés aux orages du monde, & d'être, s'il vous plaît, bien persuadée qu'on ne peut honorer une mere plus que vous honorera tout le reste de sa vie LOUISE-BÉNÉDICTE DE BOURBON.

LETTRE XL.

De M. le Duc du Maine.

Verſailles, ce 8 Septembre 1715.

LE premier billet, Madame, que j'ai reçu ce matin de Mlle. d'Aumale a ſupprimé mon voyage à St. Cyr : car, pour achever de me tuer, il ne me reſteroit plus qu'à vous cauſer le moindre ſurcroît de mal. A la vérité, j'étois réſolu de ne vous rien dire dans ma viſite. Mais je me flattois, après avoir pleuré huit jours, de ſoutenir devant vous une mine auſſi ferme, que vous me l'avez vue dans la plus touchante & la plus cruelle conjoncture de ma vie. Dans le ſecond billet, vous joignez des circonſtances à votre permiſſion qui la rejettent bien loin. Nous ſommes tombés des nues, Madame, dans un monde nouveau, ou pour mieux dire, dans un cahos. Après le Héros Chrétien qui eſt le ſujet de nos larmes, je trouve que vous êtes la plus heureuſe perſonne que je connoiſſe, de pouvoir donner un libre cours à votre douleur aux pieds d'un Dieu qui en peut être l'unique confolateur. Vous n'avez à craindre d'importunités, que de ceux qui vous tiennent par le cœur : l'intérêt ne vous viendra plus accabler, & l'ingratitude, ce vice propre au Courtifan, vous garantira de tous ceux qui vous ont obligation, dont le nombre égaleroit celui des grains de fable de la mer. Je voulois vous mener mon fils, & je ne vous aurois nommé que Madame d'Orléans & Madame du Maine, très-fâchées toutes les deux de n'être pas en état de vous voir.

LETTRE XLI.

Du même.

A Paris, ce 21 Septembre 1716.

Nous fommes, Madame, dans des tranfes continuelles, fur la fanté du Roi, au milieu de toutes les maladies dont on fe trouve environné. Comment prendre quelque chofe fur foi dans une occafion de cette importance ? On tremble des fuites que pourroit avoir une tranfplantation. Nous prenons toutes les précautions poffibles contre les communications fufpectes, & nous nous abandonnons du reste avec soumission à la Providence. Le Régent les a poussées plus loin que personne, en défendant à ceux qui approchent Sa Majesté, toutes les visites au Palais-Royal. Il s'est interdit à lui-même les Tuileries, quoiqu'il ne voye point son fils : cette petite-vérole de M. le Duc de Chartres, qui va pourtant à merveille, & qui n'est, Dieu merci, accompagnée d'aucun accident, nous est venue bien mal-à-propos : elle me sépare de M. le Duc d'Orléans, qu'il est bon de tenir de près, sur-tout dans un temps de crise, où il y va du tout pour nous. Notre confiance est donc dans le Seigneur, qui fait souvent résulter le bien ce que les hommes croyent un mal. Nous sommes charmés de Me. de Vilette : comme c'est à vous que nous la devons, il est bien juste de vous en informer, l'ingratitude n'ayant jamais été notre partage.

LETTRE XLII.

De Me. la Duchesse du Maine.

Paris, ce 6 Mai 1717.

Quoique je connoisse votre indifférence, Madame, sur la plupart des choses du monde, je crois pourtant que le mariage de Mlle. de Noailles est une de celles où un compliment peut être le mieux placé. Le mérite du Prince Charles est, je vous assure, aussi estimable que sa naissance, & il conserve, pour la mémoire du feu Roi, une vénération qui doit lui rendre un bon office auprès de vous. Occupée d'une affaire qui doit décider de l'état de ma famille, inquiete avec raison sur le voyage de Hongrie, pénétrée de mille chagrins divers, je trouve ma vivacité ordinaire pour prendre part à votre joie. Je vous demande la continuation de votre amitié, quelque part en vos prieres, qui ne peuvent qu'être exaucées par ce grand Dieu que vous servez si bien. M. le Duc a recommencé à faire des siennes, c'est-à-dire, à tenir de mauvais discours qui importunent, mais n'effrayent point.

LETTRE XLIII.

De Mad. la Duchesse du Maine, à M. le Duc de Vendôme.

1710.

S'Il m'étoit aussi facile de faire une belle lettre qu'il vous est aisé de rétablir les Rois, que d'heureuses pensées je vous enverrois sur la grande nouvelle que nous apprenons de Villa-Viciosa! Mais il s'en faut bien que je n'aye une facilité si rare : & il vous est plus aisé de gagner une bataille, qu'à moi d'écrire un trait d'esprit. Je me souviens d'ailleurs fort à propos du proverbe : *A grands Seigneurs peu de paroles.* Les plus grands de tous les Seigneurs, selon moi, sont les vrais Héros. Ainsi je dois vous dire plus laconiquement que personne, que vous êtes l'homme de l'univers le plus comblé de gloire; le plus aimable, le plus aimé de tous les honnêtes gens & de votre famille; que de tous ceux qui la composent, je suis celle qui vous aime le plus, & qu'en vous préférant à tout, je ne crois faire que mon devoir.

Fin du Tome septieme.

www.ingramcontent.com/pod-product-compliance
Lightning Source LLC
Chambersburg PA
CBHW050804170426
43202CB00013B/2552